Raices de mi Cocina

Una historia culinaria de agradecimiento

Chef Edwin Ramos

Raices de Mi Cocina
Una historia culinaria de agradecimiento

Autor:
Chef Edwin Ramos

Diagramación, diseño y concepto creativo:
Ángeles Margarita Marrero Díaz

Fotografía*
Xavier García Rodríguez

Diseño portada y contraportada:
Ángeles Margarita Marrero Díaz

Foto portada y contraportada:
Xavier García Rodríguez

Primera edición: 2024
ISBN: 9798882193026
Publicado de forma independiente

*págs: 6,8,9,10,18,19,22,31,44,45,47,56,57,58,66,81,90,91,103,108,109,110,111.

Todos los derechos reservados. Está prohibida la reproducción parcial o total de este libro por cualquier medio sin previo consentimiento de sus autores.

Raices de mi Cocina

Menú

6   Dedicatoria

8   Mi Historia

PIMIENTO ROJO {aperitivos}

18   Panecillos con tomate y mozzarella
20   Yucas fritas envueltas en tocineta
21   Mini portobellos rellenos
22   Crema de malanga con aceite de trufas blancas
24   Chorizos al vino tinto
25   Crema de Batata y Chorizo
26   Panapén en escabeche
28   Papas rojas rellenas de bacon y queso crema
29   Dip de espinacas y alcachofas
30   Ensalada de granos y chips de plátano
34   Sorullos de maíz al estilo de Titi Mely
37   Canastas de queso parmesano
38   Arancinis
39   Albóndigas en salsa de guayaba
40   Lillian Vázquez - eterna luchadora

Especial del Chef Edwin

Busca los Pimientos Amarillos para encontrar el Especial del Chef. {Personas especiales}

PIMIENTO VERDE {platos principales}

- **44** Salmón en miel y jengibre
- **48** Lasagña de carne al estilo de Vanessa
- **52** Risotto de gandules
- **53** Lomo de cerdo relleno de plátano amarillo y envuelto en bacon
- **54** Churrasco a la parrilla y chimichurri al estilo de Bruno
- **60** Camarones en coco
- **61** Pechugas rellenas de trifongo
- **64** Arroz blanco con pollo guisado al estilo de Mami
- **68** Ensalada de papa al estilo de María Negrón
- **70** Paellas del Chef Edwin
  - Paella de carnes
  - Paella jibarita
  - Paella vegana
- **76** Arroz blanco con corn beef al estilo de Julio
- **79** Ensalada pasta fria cavatappi
- **80** Mamposteao de gandules con longaniza
- **82** Arroz con vegetales al estilo de Tio Aniano
- **85** Churrasco en salsa de setas
- **86** Cheo Torres mi eterno vecino

PIMIENTO ANARANJADO {postres y bebidas}

- **90** Flan de queso
- **92** Bizcocho 3 leches al estilo de Titi Elena
- **95** Galletas de mantequilla de maní
- **96** Pudín de pan - tradicional
- **98** Mazamorra al estilo de Doña Nilda
- **101** Bizcocho al revés
- **102** Sangrías del Chef Edwin
  - Sangría de parcha
  - Sangría tinta
  - Sangría blanca

A...

Este libro es un tributo a todas esas personas que han estado siempre a mi lado y que no se imaginan la valiosa aportación que han hecho a mi vida. Quiero honrarles y agradecerles por enseñarme. Gracias por dedicarme tiempo, cariño, valores y también recetas. A pesar de la distancia y de los cambios que son parte de la vida, los recuerdo y honro en las recetas que hago o las historias que cuento. Guardo en mi corazón el recuerdo de sus caras sonriendo y los momentos que hasta el silencio hablaba. Y así ha sido con cada persona que conozco y comparto recetas o comidas…

A mis hermanos, Itzá y Abimael Ramos, mis primeros comensales, aún recuerdo y les menciono a mis niños Miguel y Analía, que cuando nuestra madre se iba a sus citas médicas y llegábamos de la escuela, les cocinaba arroz blanco y hot dogs guisados, y a mis amigos de la infancia: Josué, Cristian, Michael, Benji, y Omar, que tantas historias tenemos de comidas y desayunos… de cuando ni sabíamos cocinar y lo hacíamos, aunque nuestras madres nos regañaran por llevarnos la comida para compartir. En esos tiempos una comida con un huevo frito arriba era gourmet …qué memorias.

Este libro también se lo dedico a mi isla, Puerto Rico, un pedazo de tierra pequeño, pero grande en corazón y sabores. Un terruño lleno de personas dispuestas a compartir su pan de cada día. Por eso siempre busco impactar a un paladar con mi comida, y que siempre recuerde la experiencia vivida.

A las personas detrás de cada historia de mis raíces de cocina, a los que me han ayudado para que esto sea real, a mis pastores: Jonathan Ocasio, por ser un ejemplo, enseñarme a confiar en el proceso y procurar vivir, y a Rei Cintrón, por enseñar con firmeza que lo que tenemos en el corazón es sembrado por Jesús y si se busca de corazón, se logra. A Yasmanis Herrera, por aportar sabiduría del cielo, por enseñarme que Jesús desea que nuestros sueños no sean pequeños, pues para Dios no hay sueños pequeños, y que es importante que en nuestro propósito diseñemos soñando en grande. A mi comunidad, Mar Azul, que con su amor radical han marcado mi vida, y este amor va hacia afuera como flecha.

A mi esposa, Vanessa Zabaleta, gracias por confiar en cada locura, idea y sueño que nace en mi corazón. Y sobre todo, gracias a mi Señor Jesús, por su amor, y por guiarme en mi camino para hacer su voluntad. Y gracias, finalmente, en especial a ti, que estás leyendo estas palabras. Gracias por creer en este sueño. Tu ayuda marcará mi vida y la de mi familia…

Chef Edwin Ramos

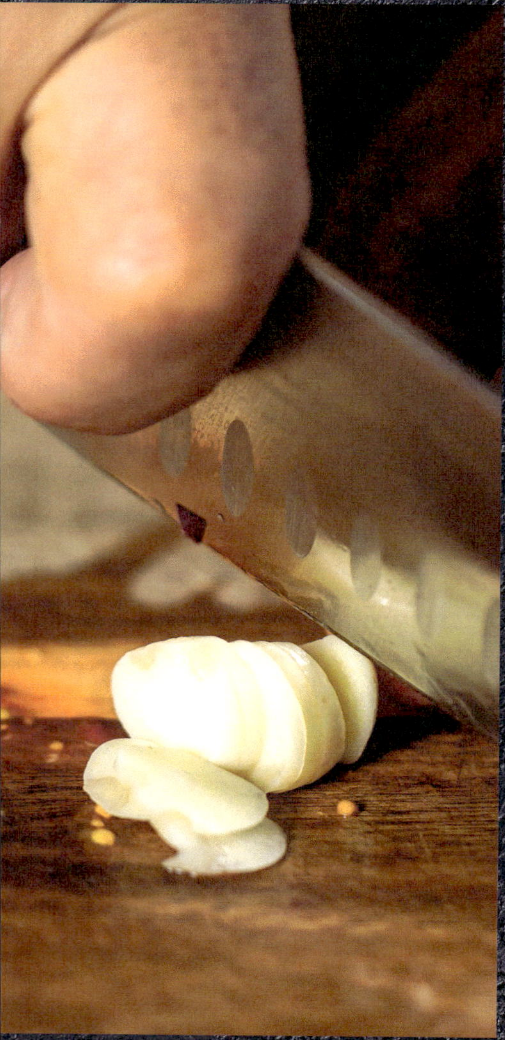
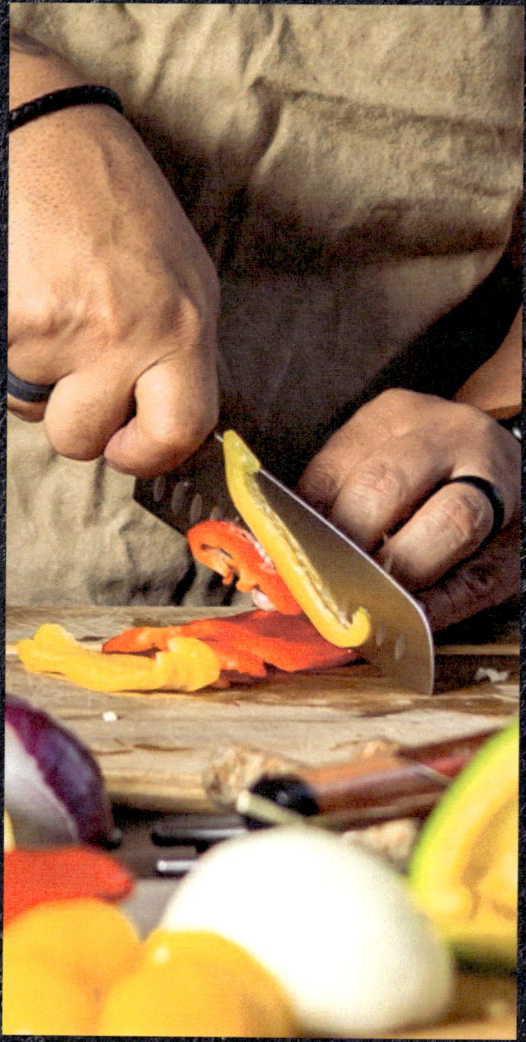
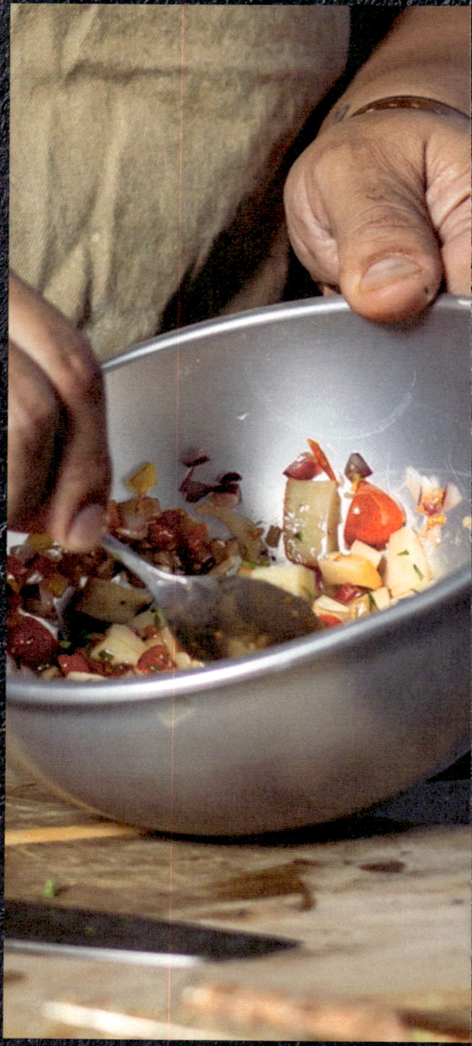

Mi Historia

"La comida es esa mezcla de sabores en tu mente y la llave de los recuerdos en un bocado."
Chef Edwin

Escribiendo este libro recordé muchos sucesos y experiencias que me inspiraron a plasmar estas palabras, con el fin de que lleguen a las personas que necesiten leerlas y que sepan que nunca es tarde para lograr lo que queremos, y que aunque el camino a veces se ponga difícil, no significa que es el final, pues siempre se puede lograr lo que ya estaba en el corazón de Dios…

Recuerdo que cuando yo estaba estudiando, en la Escuela Superior Leoncio Meléndez en el pueblo de Las Piedras, tenía problemas de concentración y no terminé el duodécimo grado hasta poco después, gracias a que tuve una madre que me ayudó; así tomé un examen libre y pude comenzar una nueva etapa. Al vivir en un residencial público, pequeño, aunque con mucho amor (Ext. Jardines de Judelly), a veces es fácil perder algunos nortes en la vida, y, en ocasiones se agotan las oportunidades, pero siempre hay historias que marcan nuestras vidas y que, para bien o mal, serán recordadas para siempre…

Recuerdo que luego decidí estudiar cocina, algo que me gustaba y compartía con mis amigos y vecinos, pero jamás imaginé llegar a vivir de cocinar y amar tanto esta profesión. Estábamos en el año 2000 cuando empecé a aprender a tomar transporte o guagua pública, porque en mi hogar no había carro, para llegar a Caguas (es decir; cruzar tres pueblos en guagua) a estudiar Cocina. En ese colegio nunca obtuve mi diploma por problemas institucionales ajenos a mi voluntad, pero en el camino conocí a maestros muy especiales como: César Rivera y Miguel Toledo, que marcaron mi vida, e hice una amistad duradera con compañeros de clase que al sol de hoy son especiales para mí como: Alejandro, Maricel, o Raquel.

Fueron momentos especiales aquellos al salir de la escuela y comenzar esos estudios. Luego, me interesé en continuar aprendiendo y encontré un colegio más cerca, en el pueblo de Humacao. Allí conocí a otro chef especial llamado Elvin, quien siempre ha sido inspiración. También conocí al chef Ángel y a Kalych, unos chefs espectaculares, y sus clases eran especiales.

Logré graduarme posteriormente de ese mismo colegio y se me abrieron puertas en hoteles y residencias en Palmas Del Mar en Humacao, Candelero Resort, y en las Casitas Village en Fajardo. Aún recuerdo mis primeros servicios de catering, mami ayudándome en el caserío, cocinando en una cocina bien pequeña y buscando quien tuviera carro para entregar a tiempo los pedidos o servir el catering. Muchas veces acomodábamos todo en el carro pequeño de mi prima Jennifer para cumplir con los clientes (jamás vale rendirse). Entonces en el residencial comenzaron a llamarme "Edwincito, el de Carmín, que estudia Cocina", y yo me sentía especial cuando llegaba a la parada de guagua con mi uniforme de cocina, y viajaba a trabajar, competir, o cocinar para otras personas…

Entonces, por cosas que no estaban en mis planes, y como a veces la vida se pone difícil, terminé en problemas judiciales. Sin embargo, gracias a mi prima Carla, en mi pueblo me abrieron las puertas y comencé a trabajar en un proyecto de pizzería familiar y restaurante llamado Grand Cheese Pizza. Ahí comenzó una nueva etapa de vida. Aprendí muchas cosas que no me habían enseñado en el colegio con Edwin David Rivera y su familia.

Llegaron nuevos amigos como Bruno y Tony Pagán, y muchos más que no tendría tanto espacio para escribir sobre ellos y agradecer, pero que aún en mis peores momentos fueron una mano amiga, enseñándome del amor de Jesús, y que él nos manda a dar y a hacer amigos, que luego terminan por convertirse en como hermanos o padres, más que amigos.

Estuve más de cinco años en crecimiento y aprendizaje en Grand Cheese Pizza, una compañía que al sol de hoy se mantiene sólida. Y en este momento hago una pausa para decirte que, si en algún momento te sientes mal o desanimado/a por tener que empezar de cero, te recuerdo que siempre se puede, mientras tengamos vida y deseos de aprender y echar para adelante. Yo a mi trabajo llegaba incluso caminando o amistades me recogían o me daban pon para llegar o regresar a mi casa. Por esto y muchas cosas más le agradezco a mi madre que nos enseñara a siempre seguir adelante y, que, aunque la vida nos golpeara, había que continuar.

Luego llegó Vanessa a mi vida y me enamoré. Ella era de Vega Alta, un lugar muy distante de donde yo vivía, pero fue la persona que puso en mi vida la chispa que necesitaba, y también la mano amiga para motivarme a una etapa de vida que jamás imaginé. Decidimos unir nuestras vidas. Tomé la decisión de salir de mi área de confort e irme con ella a Vega Alta (para mí, irónicamente, la vida era hasta Plaza Las Américas, y nunca llegaba más allá). En ese entonces, ya teníamos lo que buscábamos, pero la vida me presentó una nueva aventura y de esa mano me agarré. Conocí a nuevas amistades y me enfrenté con nuevos retos. Es a mi esposa y a mis hijos, que he querido demostrarles que podemos caernos en la vida, pero que siempre debemos intentarlo y levantarnos.

Finalmente, decidí llegar a una escuela en la que siempre quise estar, la Escuela Hotelera de San Juan, pero por transportación y mil cosas no podía.

Aunque ya había estudiado Cocina, era un sueño. Así comenzó otra época de retos, porque trabajaba en la mañana y estudiaba en las tardes y de noche. Sin embargo, la nueva familia que tenía me ayudó. Comencé a tener más responsabilidades y también la oportunidad de tener mi vehículo y llegar a hacer mis deberes.

Tiempo después me gradué y disfruté mucho el proceso con nuevos amigos y profesores. Se abrieron puertas como el hotel Ritz Carlton, y tuve la oportunidad de cocinar en actividades públicas y privadas, como en Plaza Las Américas en un evento muy especial que se llamaba "Plaza Food Fest", que abría puertas a nuevos clientes y darnos a conocer como el evento más grande de Saborea Puerto Rico. También comencé a participar en otros eventos en el Centro de Convenciones de P.R.

Aquí comencé a mover más el servicio de catering de nuevo, y una estación de paellas y pastas en vivo, con la cual logramos llegar a presentarnos en medios televisivos como WAPA TV y Univisión, principales canales de Puerto Rico. Además, participé de eventos importantes que envolvían cocinar junto a varios de los chefs más importantes de Puerto Rico.

Siempre le doy gracias a papá Dios porque fue un sueño que jamás imaginé alcanzar, pero él sabía que pasaría, y disfrutamos el proceso. Estaré siempre agradecido de todas las personas que me abrieron las puertas de su hogar y me invitaron a sus actividades para que fuéramos de bendición a sus vidas y cocinar en sus momentos especiales.

Luego surgió la idea de Flavor Fusion Cuisine, que nació de un sueño compartido, como con mi amigo Juan, que desde la escuela culinaria creyó en un sueño, y aunque la vida nos distanció, siempre he aprendido a dar gracias por lo vivido.

Ahora, en 2023, seguimos cocinando y llegaremos a otro paladar. Llevamos más de cinco años cocinando para la generación que va creciendo, enseñándoles sabores y texturas, y buscando la manera de que no solo te recuerden por ser chef, sino por lo que aprendieron de ti y lo que pudiste aportar como un bonito gesto o enseñanza valiosa a sus vidas, ya que ninguna receta es tuya, sino que la vida te las enseña y las pasas a más personas para que un día cuando te vean te digan que la mejoraron y la recuerdan con amor.

Eso te llena más el corazón, pues la comida siempre será eterna en el recuerdo. Ya han pasado años y aún recuerdo mis inicios, mis caídas, mis lágrimas, pero también mis logros, y tratar de darle a mi madre el regalo de que esté contenta de que su hijo logró una meta en esta vida.

Que mi familia y amistades, y cada persona que comparte a la que solamente le sirves un plato de comida, recuerde algo de ti y de ese momento. Y que cuando pienses que es imposible lograr algo, tengas la convicción de que jamás será imposible si lo sueñas, y te esfuerzas, y está en tu corazón. Solo camina confiando en lo desconocido porque un día mirarás atrás y dirás: ¡wao! hasta aquí me ha ayudado Dios. Y aún el camino continúa. Sin olvidarnos de dónde salimos, por dónde pasamos y hacia dónde vamos, porque mientras hay vida, hay una oportunidad de lograrlo.

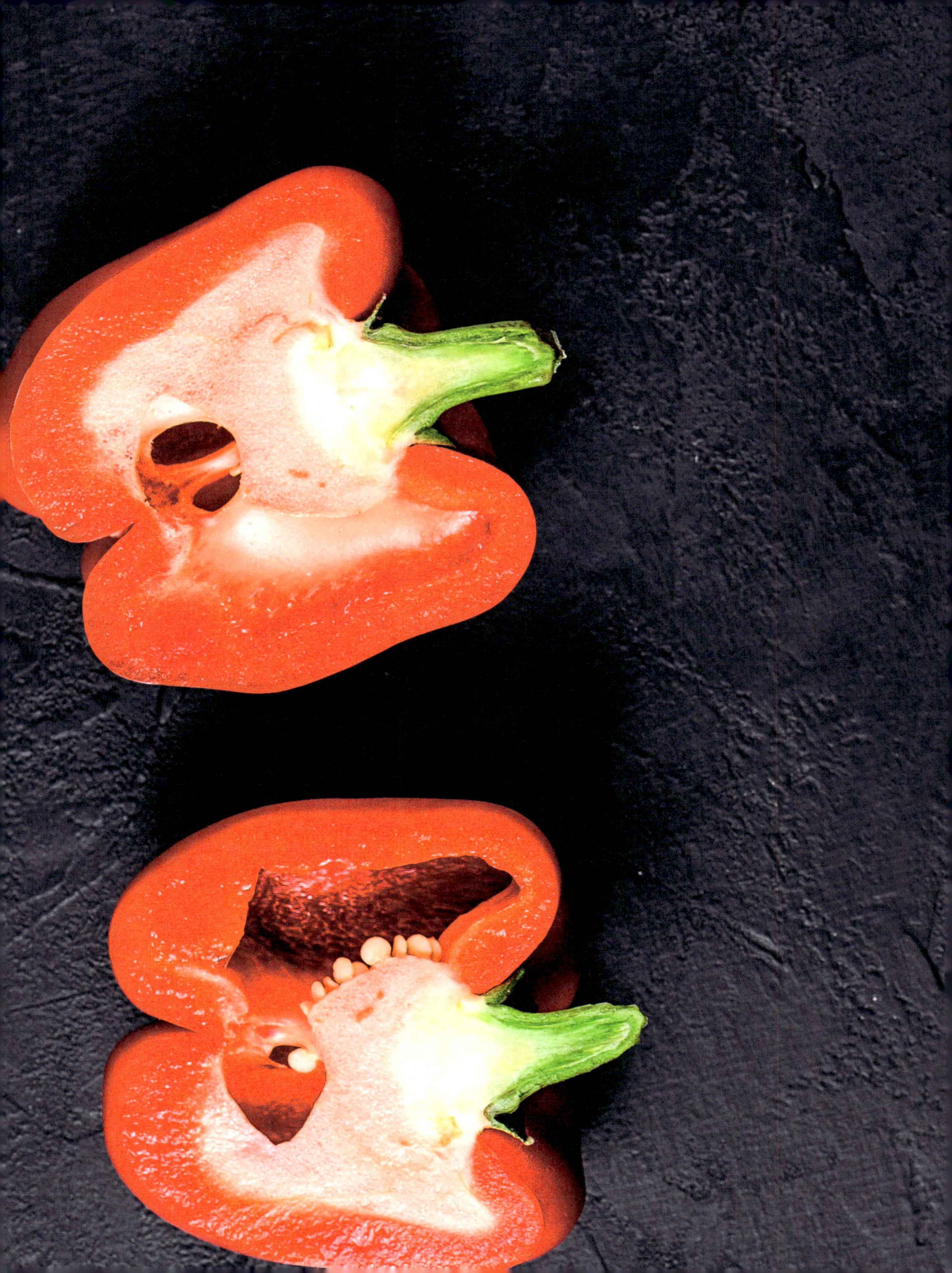

PIMIENTO ROJO

(aperitivos)

PANECILLOS CON TOMATE Y **MOZZARELLA**

INGREDIENTES:

- **1** taza de tomate cortado en cubos pequeños
- **3** dientes de ajo cortados finamente
- **1** cucharadita de aceite de oliva
- **1** cucharadita de albahaca seca
- - sal y pimienta a gusto
- **1** baguette francés tostado cortado en 12 rodajas
- **3** rebanadas de queso mozzarella cortadas en 4

PREPARACIÓN:

1. En un tazón, combinar los 5 primeros ingredientes y dejar reposar por 5 minutos.
2. En un molde para hornear, colocar los panes cortados en rodajas, sobre cada rodaja de pan, colocar una cucharada de la mezcla y cubrir con el queso mozzarella.
3. Hornear hasta que se derrita el queso.
4. Servir y disfrutar.

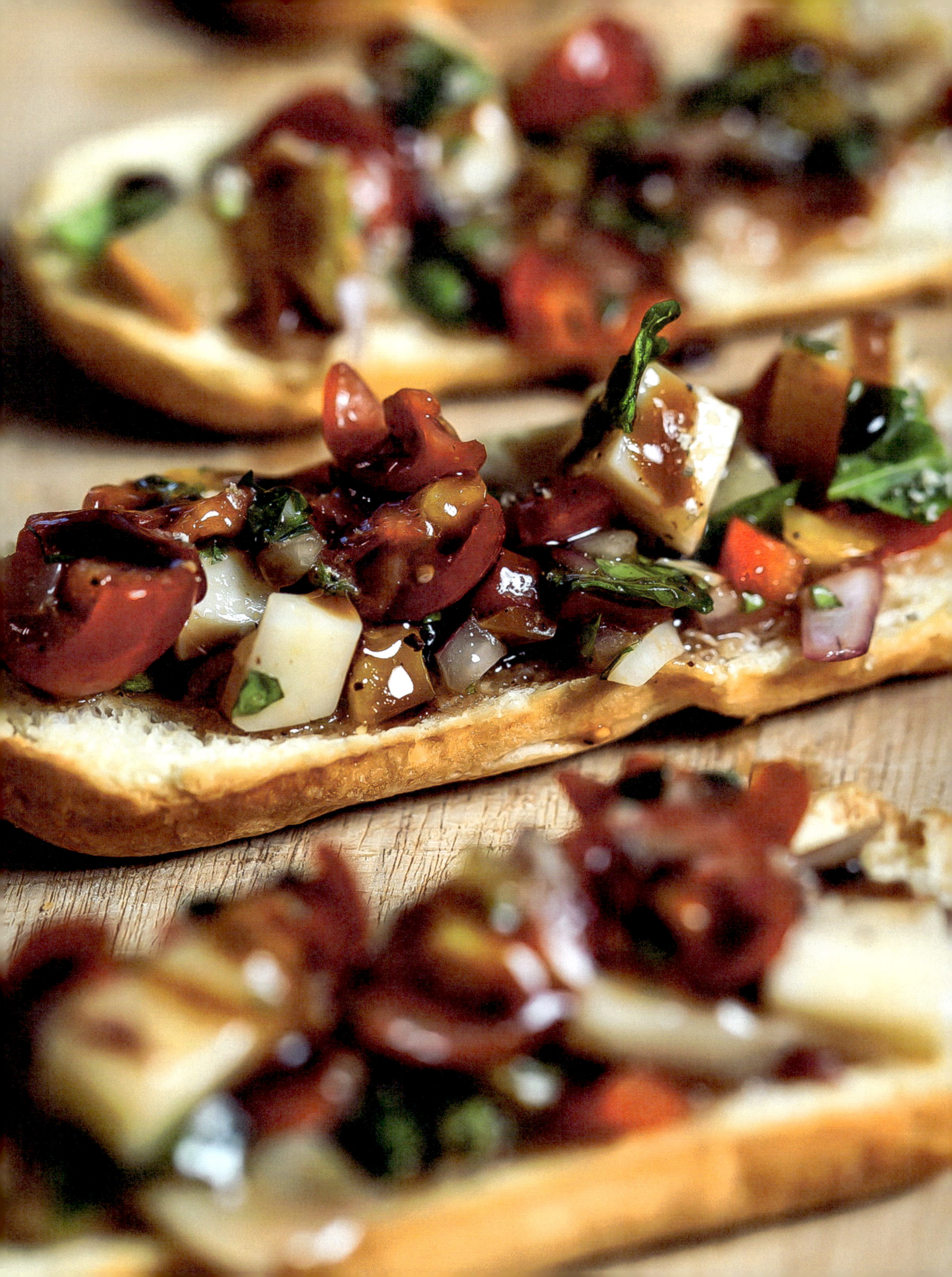

YUCAS FRITAS ENVUELTAS EN TOCINETA

INGREDIENTES:

- **1** lb de yuca pelada y hervida
- **6** lascas de tocineta
- **¼** de taza de mayonesa
- **¼** cdta de ajo molido
- **1** cda de cilantro bien picadito

PREPARACIÓN:

1. Cortar la yuca en 12 cubitos.
2. Retirar la fibra interna. Cortar la tocineta por la mitad a lo largo.
3. Envolver los cubitos de yuca en tocineta.
4. Freír en un sartén a temperatura alta.
5. Dorar por el lado del cierre de la tocineta para evitar que se abra.
6. Dorar por ambos lados hasta que la tocineta se dore. Tapar y cocinar hasta que la tocineta se cocine completamente.
7. Mezclar el restante de los ingredientes y servir como salsa para las yuquitas.

MINI **PORTOBELLOS** RELLENOS

INGREDIENTES:

- setas mini portobellas
- taza de cebollines picaditos
- ¼ taza cebolla picadita
- **3-4** dientes de ajo molido
- **1** barra de queso crema de 8 onzas
- **3** cucharadas de queso parmesano
- ½ taza de queso gouda smoke
- **3** cucharadas de tocineta tostada

PREPARACIÓN:

1. Precalienta el horno a 350° F.
2. En un envase combina todos los ingredientes (menos las setas) y mezcla bien.
3. Limpia las setas con un papel toalla seco o húmedo. No las pases por agua.
4. Quita y descarta los troncos de las setas.
5. Prepara una bandeja de hornear con papel de aluminio y engrasa con aceite.
6. En la bandeja, pon las setas y rellena bastante cada una de agua hasta que ablande un poco.
7. Hornea por 10 minutos o hasta que el queso se comience a dorar.
8. Ya están listas para disfrutar con un gratinado hermoso.

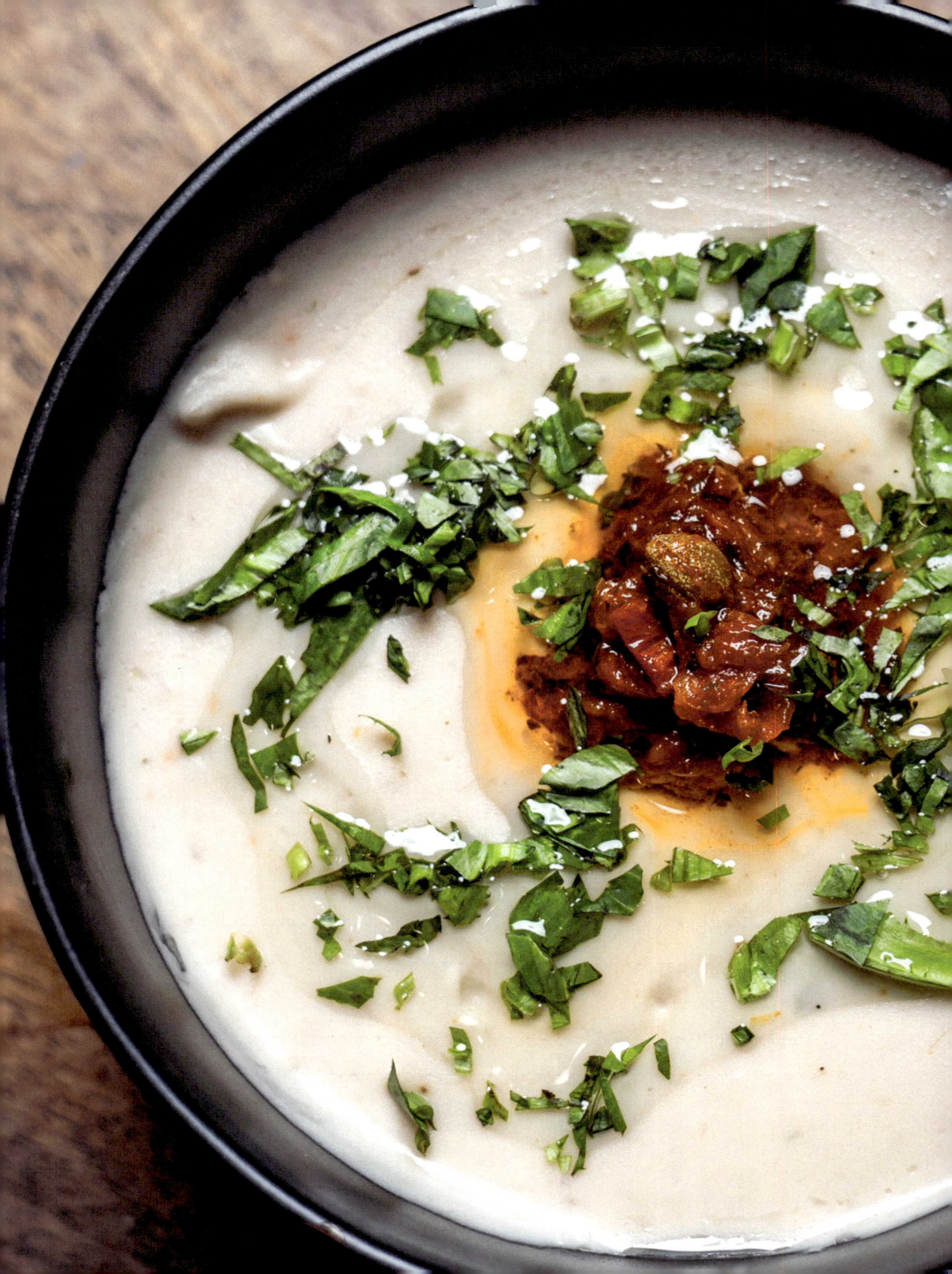

CREMA DE **MALANGA** CON ACEITE DE **TRUFAS BLANCAS**

INGREDIENTES:

2 lbs de malanga

1 litro de agua

½ cucharada de caldo de pollo concentrado

2 dientes de ajo

¼ de cebolla blanca

- sal y pimienta a gusto

1 cucharada de queso crema

1 heavy cream (leche espesa)

2 cdas de aceite de oliva extra virgen

- aceite de trufas

PREPARACIÓN:

1. Ablanda las malangas en agua junto a una pizca de sal y el concentrado de vegetales. A mí me tomó entre 15 y 20 minutos para que estuviera lista.

2. Mientras tanto, agrega el aceite en una sartén y sofríe la cebolla y el ajo finamente picados a fuego bajo durante 10 minutos.

3. Por último, escurre las malangas y licúa o tritura junto a los vegetales de la misma agua donde la ablandaste, además de la leche, el queso crema y la pimienta.

4. Si no quieres usar leche, sustituye esa cantidad por el agua donde la herviste. Al final, añada el aceite de trufas para su disfrute y sabor.

CHORIZOS AL VINO **TINTO**

INGREDIENTES:

1 libra de chorizo español
1 diente de ajo molido
¼ cebolla amarilla cortada en lascas finas
½ taza de vino tinto de preferencia
1 cucharadita de miel
- Perejil o cilantro picadito

PREPARACIÓN:

1. Corta el chorizo español a la mitad y luego en lascas finas.
2. En una sartén, a temperatura alta, agrega un poco de aceite y sofríe los chorizos hasta que comiencen a dorarse.
3. Agrega la cebolla y el ajo. Sofríe un minuto más.
4. Añade el vino tinto y la miel. Mueve hasta mezclar.
5. Baja la temperatura y cocina hasta que el líquido reduzca a la mitad.
6. Sirve, decora con perejil o cilantro a gusto y listo.

CREMA DE BATATA Y CHORIZO

INGREDIENTES:

3 batatas

½ cebolla

2 dientes de ajo

- un trocito de pimiento verde

- caldo de pollo

1 cucharada de salsa de mar

- pimenta

- heavy cream

- una pizca de pimentón o paprika ahumada

- chorizo de su preferencia

PREPARACIÓN:

1. En una olla, ponga el caldo de pollo y comience a hervir la batata ya pelada y lavada con una pizca de sal.
2. Una vez esté cocida retire el caldo, no lo bote, maje la batata y añada el ajo y la cebolla ya sofreída.
3. Añada la paprika y ajuste la sal al gusto.
4. Añada la heavy cream o leche espesa de preferencia. Trate de que no queden grumos.
5. Cuando tenga el espesor deseado y verifique la sal, añada el chorizo picadito y sofreído y sirva caliente para su disfrute.

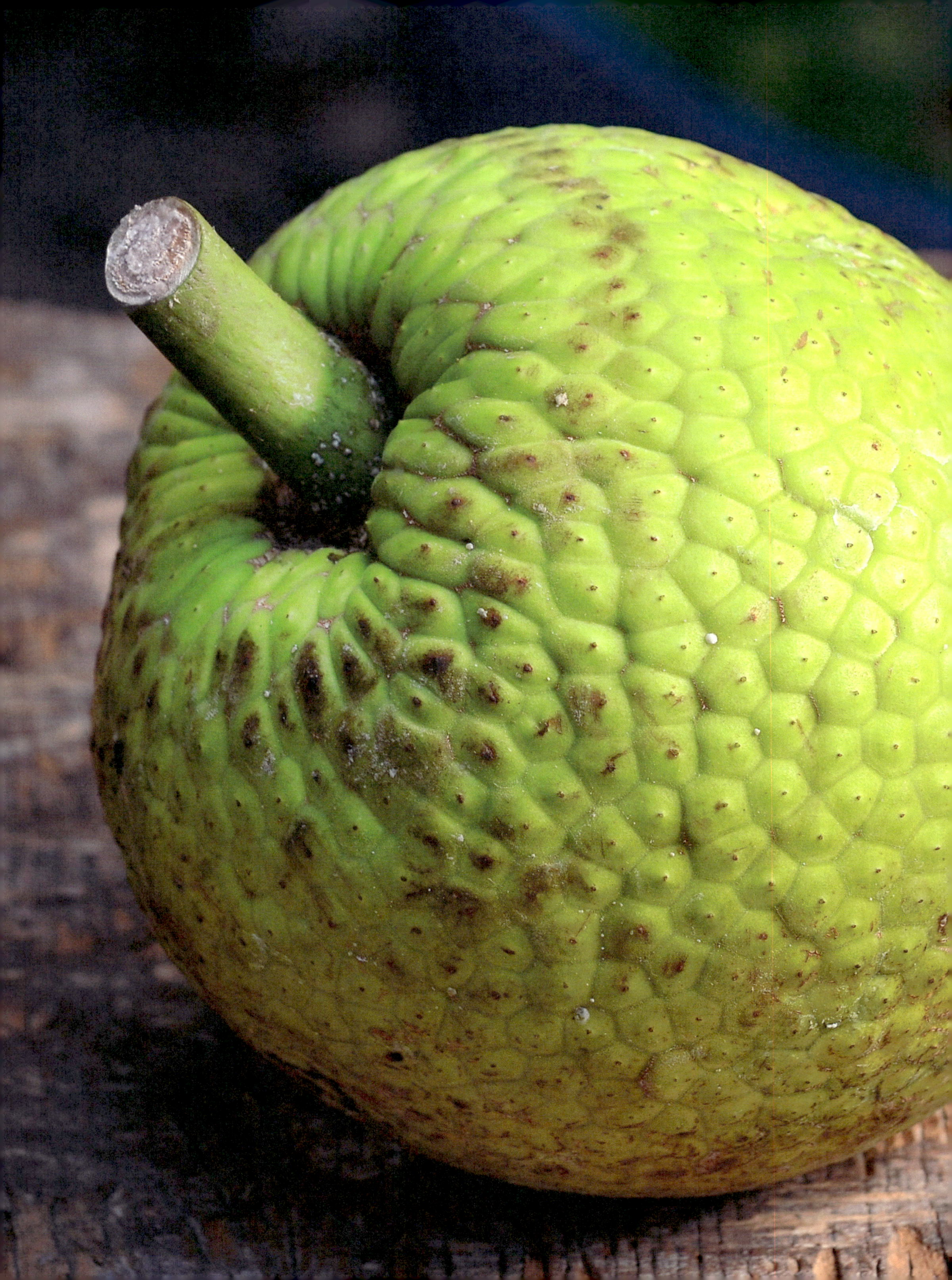

PANAPÉN
EN ESCABECHE

INGREDIENTES:

1 pana

4 onzas de vinagre

1 pedacito de cilantro

½ pza cebolla blanca y roja

½ pza pimiento verde

½ pza pimiento rojo

8 onzas de agua

½ taza de aceite

1 cucharadita de sal

- recao o cilantro picadito

5 granos de pimienta

3 hojas de laurel

PREPARACIÓN:

1. Picar la pana y poner a hervir el agua con sal al gusto.
2. Luego, en una hoya, poner y sofreír todos los ingredientes a fuego lento para unir los sabores y dejar reposar en lo que hierve la pana. No sobre cocinar.
3. Añadir el aceite y todos los ingredientes y tapar para que se unan los ingredientes y sabor.
4. ¡Disfrute!

PAPAS ROJAS RELLENAS DE BACON Y QUESO CREMA

INGREDIENTES:

- **4** papas (rojas preferiblemente)
- **3** cucharadas de aceite de oliva
- **-** cebolla picada (blanca o roja)
- **1** diente de ajo picado
- **1** barra de queso crema
- **½** taza de queso rallado (gouda smoke)
- **2** cucharadas de cilantro picado
- **1** taza de queso provolone rallado
- **-** tocineta tostada y sin grasa

PREPARACIÓN:

1. Lavar las papas, cocinarlas hasta que estén tiernas (15 a 25 minutos aprox.).
2. Colocar aceite de oliva en un sartén a fuego medio y dorar el ajo y la cebolla previamente picados. Reservar.
3. Cortar una "tapa" de las papas y ahuecarlas con ayuda de una cuchara. En un bowl, mezclar la papa que se retiró con la cebolla y ajo previamente fritos, la crema y el queso rallado. Colocar toda esta mezcla en el interior de las papas y llevarlas al horno a fuego lento o baja temperatura por unos 10 minutos.
4. Una vez cocidas, añadir la tocineta que quede bien crocante y el cilantro, y ya están listas para servir.

APERITIVOS

DIP DE **ESPINACAS** Y **ALCACHOFAS**

INGREDIENTES:

- **1** taza de corazones de alcachofas
- **1 ½** taza de espinaca picada
- **2** cucharadas de ajo picado
- **½** taza de crema ácida
- - queso crema a temperatura ambiente
- **½** taza de queso parmesano rallado
- **2** cucharadas de leche
- **1** taza de queso mozzarella
- - sal y pimienta a gusto

PREPARACIÓN:

1. Corta las alcachofas y la espinaca.
2. Mezcla el queso crema, la crema ácida y el queso parmesano.
3. Agrega la espinaca, las alcachofas picadas, el queso mozzarella, la leche y el ajo picado, Sazona a gusto con sal y pimienta.
4. Mezcla muy bien hasta incorporar todos los ingredientes y coloca en un recipiente para hornear ligeramente engrasado.
5. Cubre con una capa de queso mozzarella o parmesano (opcional) y hornea en un horno precalentado a 200°C por 25 minutos o hasta que esté gratinado.

ENSALADA DE **GRANOS** Y **CHIPS** DE PLÁTANO

INGREDIENTES:

1 lata de habichuelas blancas
1 lata de habichuelas negras
1 lata de habichuelas rosadas
1 lata de habichuelas rojas
1 lata de garbanzos
1 pimiento verde mediano
1 pimiento rojo mediano
1 pimiento anaranjado mediano
1 cebolla morada mediana

4 onzs de aceite de oliva
4 onzs de vinagre blanco
1 limón
- perejil
- cilantro
- recao
- ajo en polvo
- sal y pimienta

PREPARACIÓN:

1. Abrimos y escurrimos todas las latas de granos. Luego, vertemos todos los ingredientes en un envase y mezclamos bien.
2. Dejamos reposar por una hora en la nevera antes de servir.
3. Pasado este tiempo, servimos sobre hojas de lechuga como ensalada o acompañante de nuestro plato favorito. En este caso en una copa y un chip de plátano crocante.

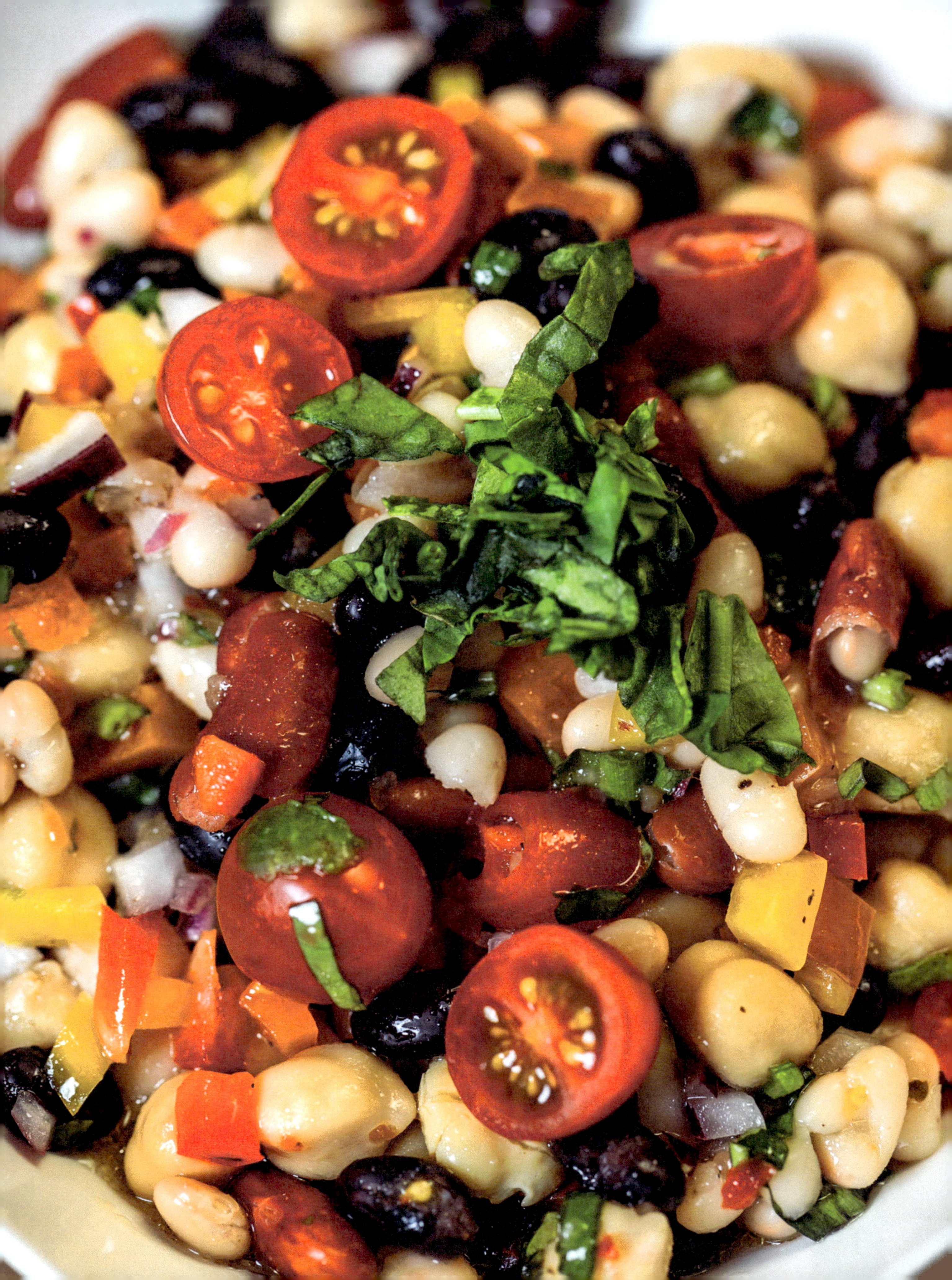

Cuándo fue la última vez que RECORDASTE a alguien

que ahora TE CUIDA desde el CIELO?

SORULLOS DE **MAÍZ**

al estilo de Titi Mely

Hoy te recordaba con mucho amor y un poco de tristeza, no por el simple hecho de que ya no estás, sino porque de niño tal vez no tenía estas letras para poder decírtelas, y a Titi Gladys.

Me gustaría contarte porqué son tan especiales, y tal vez descubras conmigo personas que tienes así en tu vida, y si aún las tienes, ve y dales un abrazo, y diles cuán especiales son para ti. Como a los 8 años mi mamá perdió a su mamá, y entre las personas especiales que estaban en su vida están ellas, y aunque tengo a mi abuelita viva, doña Carmen, con mucho respeto, estas personas eran como una tía y una abuelita para mí, pues en donde vivíamos nuestra vista sólo eran cables eléctricos y edificios, y cuando mami nos llevaba a la casa de titi Mely, era en un barrio de Las Piedras llamado Collores, un lugar hermoso, una mezcla de campo y ciudad, más campo lleno de verde y árboles, de flamboyanes, palos de chinas, de tamarindos, de acerolas… habían vacas, cabras, y muchos pájaros.

Ya imaginan lo contentos que nos poníamos al ir allá, pues salíamos de nuestra casa y veíamos naturaleza, corríamos y respirábamos el aire fresco de la vida. Allí veía a titi Gladys, siempre creando trajes y costuras. Me encantaba entrar a su cuarto de telas, era como una película ver las máquinas, los hilos y colores. Y ver a titi Mely crear queso blanco con leche de las vacas que siempre venía tío Flor, un ser especial, que admiraba porque siempre nos enseñaba a amar a Jesús y a la naturaleza, y nos sorprendía cuando pasaba frente a casa de titi con todas las vacas o los toros, y nos preguntábamos: "¿él no les tiene miedo?", tan grandes que eran… ja, ja. Siempre que estábamos allá disfrutando de la naturaleza éramos muy felices. Titi Mely siempre sacaba su cacerolita y nos preparaba unos ricos sorullitos de maíz, una receta tan fácil, pero tan especial, pues sus manos delicadas entradas en edad apretaban la harina hasta crear una masa uniforme y bien amarilla con la sal en su punto y listas para freír, que marcaban nuestro corazón.

Cada día que íbamos nos enamoraba más la experiencia tan especial. Ella decía: "Les haré sorullitos de maíz acabados de hacer…" no como suele pasar que se ha perdido la magia de crearlos y los sustituyen por los congelados, y no es que sean malos, pero el valor de unas tiernas manos cálidas mirándote con amor y creando en tu vida una experiencia vale más que todo. Aún recuerdo su olor y su mirada tan especial y aun cuando las hojas blancas de la vida caían sobre su pelo, y su mirada se nublaba porque su conciencia ya desvanecía, la escuchaba cantar y a veces repetirme las mismas cosas, o simplemente mirarme a los ojos y tocarme con sus hermosas y suaves manos que llegaban a mi corazón.

Aunque hoy no podrás leer estas letras te las dedico desde mi corazón, junto a este agradecimiento. Siempre, como a esta receta, te recuerdo con amor. Gracias por tanto, por amar a mi mamá y amarnos a nosotros.

Hoy les comparto los sorullitos de titi Mely.

"A veces sentimos que lo que hacemos es solo una gota en el mar, pero el mar sería menos si faltara esa gota".
-María Teresa de Calcuta

LA RECETA *de Titi Mely*

INGREDIENTES:

1½ tazas de harina de maíz

2 tazas de agua

1 cdta de sal

1 taza de queso de papa rallado

- aceite para freír

PREPARACIÓN:

1. En una olla hierve el agua con la sal. Cuando esté hirviendo, agrega poco a poco la harina y bátela. Baja la flama a fuego bajo. Cocina, revolviendo constantemente hasta que se absorba el agua y la masa se despegue de la olla, cerca de 3-5 minutos.
2. Retira la olla del fuego y agrega el queso, mezclando hasta que se integre a la masa de manera uniforme.
3. Deja que la masa se enfríe un poco y luego métela al refrigerador y déjala ahí por 30 minutos.
4. Después del tiempo de enfriamiento, saca la masa y, con las manos, arma palitos de 6-7 cm de largo.
5. Una vez que tengas los sorullos formados, coloca aceite en una olla y espera a que se caliente por completo.
6. Vierte los sorullitos en tandas y deja que se frían por completo, hasta que estén dorados y crujientes.
7. Retira del aceite y coloca sobre toallas de papel para retirar el exceso de aceite.
8. Sirve y disfruta.

CANASTAS DE QUESO PARMESANO

INGREDIENTES: **1** lb de queso parmesano

PREPARACIÓN:

1. Rallamos una porción de queso.
2. Cubrimos la base de la sartén con el queso rallado y dejamos cocinar a fuego moderado, controlando que el queso se funda de forma homogénea.
3. Dejamos que se vaya dorando, pero vigilando que no se queme porque amargaría.
4. Damos la vuelta con cuidado con una espátula o unas pinzas para que se dore por el otro lado, pero sin pasarnos, debe mantenerse blando.
5. Lo sacamos e inmediatamente lo posamos sobre un vaso o bowl invertido, y presionamos ligeramente el contorno, para ayudarle a que coja forma.
6. Dejamos enfriar y habremos conseguido unas riquísimas cestas rígidas y crujientes.
7. Las podemos rellenar con lo que más nos guste.

ARANCINIS

INGREDIENTES:

1 taza de arroz Arborio

3 tazas de caldo de pollo reducido en sodio

2 cucharadas de aceite de oliva

1 cebolla cortada en dados

½ cucharadita de sal y pimienta

1 taza de vino blanco seco

½ taza de queso suizo rallado

PREPARACIÓN:

1. Con las manos humedecidas en agua, tomamos porciones de risotto y boleamos.
2. Pasamos cada bola de arroz por harina, huevo batido y pan rallado.
3. Freímos en abundante aceite caliente (180 °C), que queden bien cubiertas, hasta que estén doradas.
4. Escurrimos el exceso de aceite y servimos inmediatamente.

ALBÓNDIGAS EN SALSA DE GUAYABA

INGREDIENTES:

1 ½ lb molida de angus beef

½ taza de pan rallado o galleta

¼ taza de cebolla blanca finamente picada

2 cdas de ajo molido

1 huevo grande

1 cda de salsa Worcestershire

- sal de mar a gusto

- pimienta blanca o roja a gusto

PARA LA SALSA:

1 taza de mermelada de guayaba

½ taza de agua

2 cdas de azúcar morena

¼ taza de vinagre de sidra o regular

PREPARACIÓN:

1. En un tazón, mezcla bien la carne molida, el pan rallado, la cebolla, el ajo, el huevo, la salsa Worcestershire, la sal y la pimienta.
2. Haz bolas con la mezcla y colócalas en un plato.
3. Calienta un poco de aceite de oliva en una sartén grande a fuego medio-alto. Coloca las albóndigas en la sartén y cocina durante unos 5-7 minutos, o hasta que estén doradas por todos lados y cocidas por completo. Remueve de la sartén y colócalas en un plato.
4. Mientras tanto, prepara la salsa de guayaba. En la misma sartén, agrega la mermelada de guayaba, el agua, la azúcar morena y el vinagre de manzana. Cocina a fuego medio-alto durante 10 minutos o hasta que la salsa espese y se reduzca ligeramente.

Lillian Vázquez

eterna luchadora

Hay personas que te enseñan tanto que hacen que no tengas espacio para quejarte...

Como ya les conté, mis tiempos de niñez y juventud fueron marcados por muchas personas que siempre estuvieron para mi familia y para mí, y a quienes jamás tendré cómo agradecer lo suficiente.

Dentro de todo ese grupo de personas existe una que para mí siempre será una guerrera, y te contaré porqué. Lillian llegó a mi vida por mi mamá, ella no es fácil, y aun así sus amistades siempre han estado presentes en su vida, y cuando tuve la madurez para entender por qué Lillian es tan especial me quedé sorprendido. Ella, al igual que mi mamá, perdieron a su amor muy temprano en la vida.

Recuerdo que de niños su esposo siempre nos llenaba de alegría y risas con su forma de ser. De ahí sale su hijo, otro ser especial que siempre ha estado en nuestras vidas, y a quien de cariño le decimos "Raulito", y su hermano Joel Omar que mucho tiempo después se convirtieron en unos hermanos para nosotros. Si ellos reían, reíamos, y si lloraban, los acompañábamos en el sentimiento.

No recuerdo un día que Lillian dejara de trabajar. Ella fue la primera persona que me presentó la idea de ver de cerca lo que era tener negocio propio y saber que la vida no se detiene y nunca espera por nadie. Ella, entre tantos trabajos que tenía, tenía un carrito de hot dogs y recuerdo ver el esfuerzo que era poder todos los días buscar el pan para el hogar y todas las noches preparar su receta de carne molida y cebolla encurtida.

Todos los días a las siete de la noche no fallaba que a mi casa llegara el olor, e incluso mami a veces la ayudaba, y todos los días se levantaba bien temprano montaba todo y estaba preparada para que cada persona que pudiera llegar se llevara el mejor producto. Y cada día repetir lo mismo hasta el cansancio durante años. Seguir luchando con la vida, contra todo, sin importar las circunstancias.

Agradezco tanto que me enseñaras a ver la vida siempre positiva, y que si nadie hacía nada tú siempre hacías algo, y sin contar las veces que has ayudado a mi familia hasta más no poder. Lillian, siempre serás la eterna guerrera de la vida, porque mujeres como tú ya no existen, que se prueben como el oro en calor, y aun así siguen adelante.

Gracias por inspirarme y ser parte de mis Raíces de cocina en esta vida.

> "Por nada estéis afanosos, sino sean conocidas vuestras peticiones delante de Dios en toda oración y ruego, con acción de gracias. Y la paz de Dios, que sobrepasa todo entendimiento, guardará vuestros corazones y vuestros pensamientos en Cristo Jesús".
> *-Filipenses 4: 6-7*

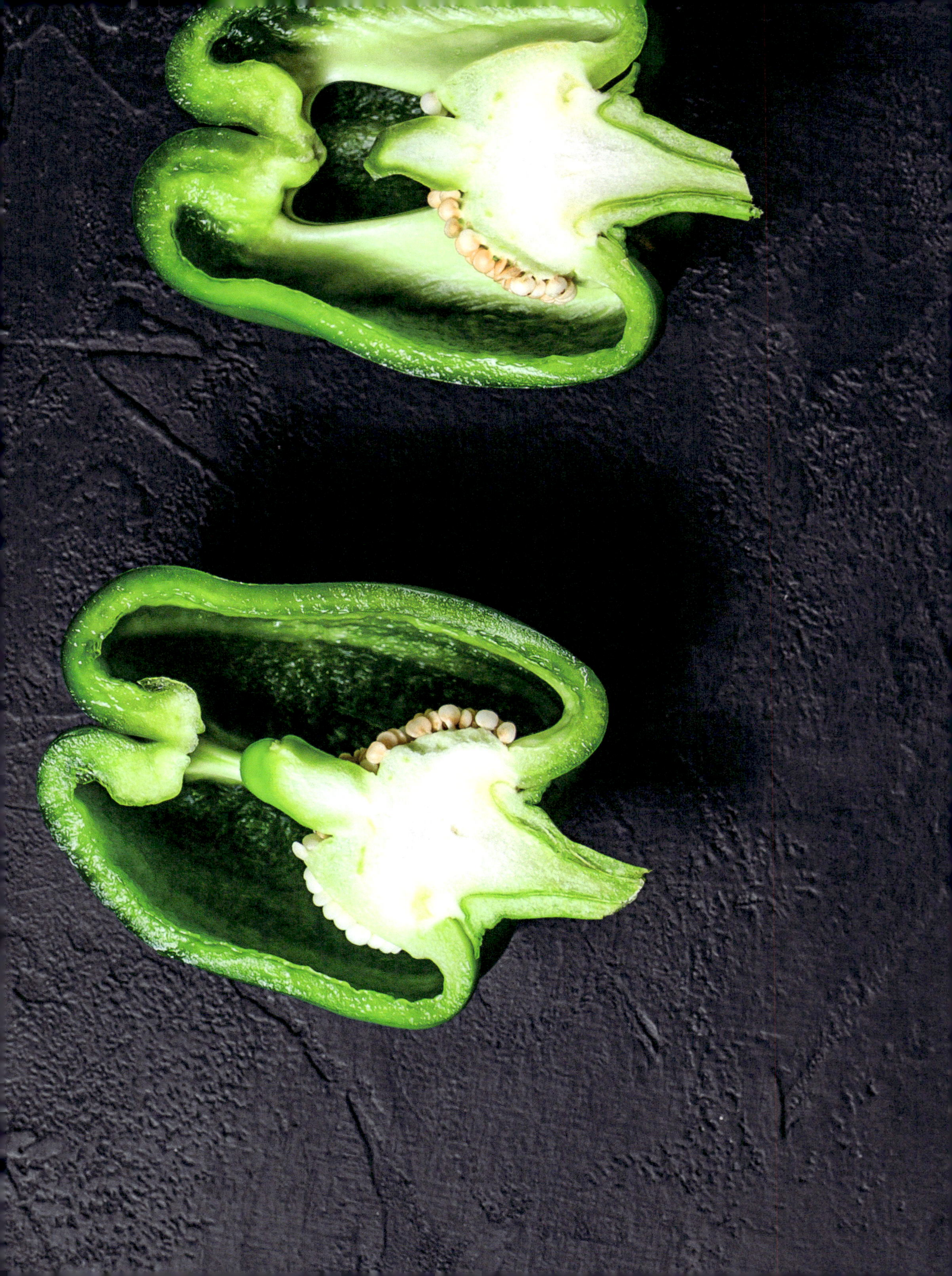

PIMIENTO VERDE

(platos principales)

SALMÓN EN MIEL Y JENGIBRE

INGREDIENTES:

1/3 taza de jugo de naranja

1/3 taza de salsa de soya

¼ taza de miel

1 cucharada de jengibre rallado

1 cebollita picada

1 ½ libra de filete de salmón

PLATOS PRINCIPALES

PREPARACIÓN:

1. Mezcle todos los ingredientes, excepto el salmón, en un recipiente pequeño.

2. Coloque el salmón en una bolsa de plástico resellable grande o en un plato de vidrio. Agregue el adobo y dele vuelta para cubrir bien.

3. Refrigere durante 15 minutos o más para obtener más sabor. Retire el salmón del adobo. Deseche el resto del adobo.

4. Sobre una parrilla cocine a fuego medio alto de 6 a 8 minutos por cada lado o hasta que el pescado se desmenuce fácilmente con un tenedor.

SALMÓN
del Chef Edwin

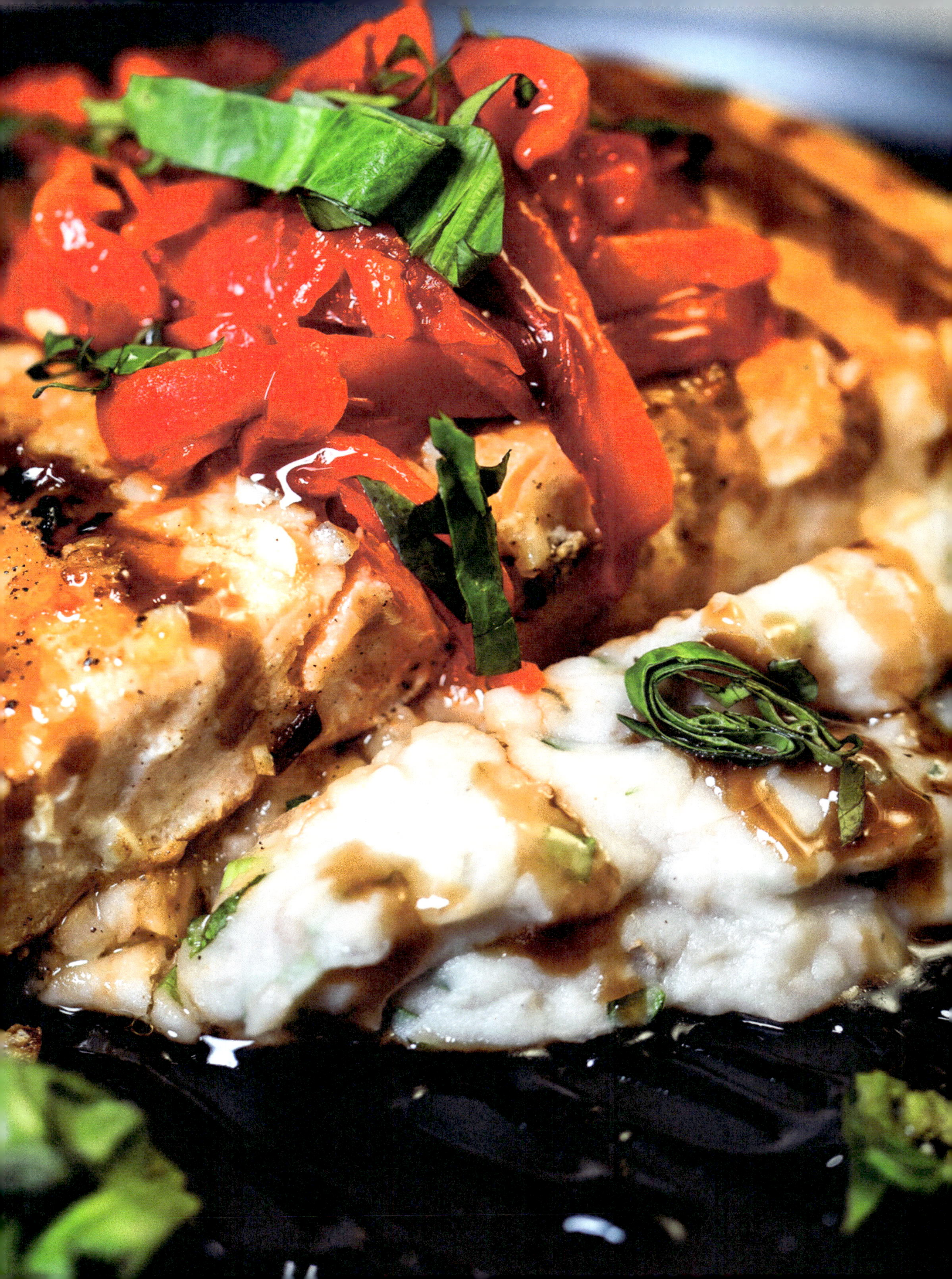

LASAGÑA DE CARNE

al estilo de *Vanessa*

mi esposa

¿Alguna vez imaginaste con quién unirías tu corazón?

Si la respuesta es "no", te confieso que yo tampoco. Jamás imaginé lo que te contaré. Cuando vivía con mi madre y hermanos, llegó un momento en que mis hermanos pequeños crecieron y se fueron a hacer sus vidas como se supone, pero yo no, yo me sentía tan bien junto a mami que pensaba que jamás me iría de su lado. Estaba creando mi mundo a su alrededor y, aunque teníamos diferencias, el amor de una madre es incansable.

Hasta que un día, me escribió por las redes una chica llamada Vanessa. Cuando vi su perfil dije: "Waooo, qué hermosa", y no sólo eso, era enfermera, o sea, ya estoy hecho. No pasó mucho tiempo y comenzamos a cultivar una amistad, hasta que llegó el día de conocernos. Ella era de Vega Alta y yo de Las Piedras, es decir, a más de doce pueblos de distancia, y dije "wao, yo creo que esto no funcionará, no dejaré mi comodidad para atravesar tantos pueblos, ¿y si no funciona? porque la distancia nunca es buena. Pero con el pasar de los días seguimos cultivando lo que un día se convirtió en amor. Recuerdo que aun así no estaba completamente convencido, y no porque sea muy exigente, sino porque cuando vives en tu comodidad nunca cambias tu norte, sólo te estancas en lo que vives y es lo que piensas que está bien. Pero un día ella me dice: "Ven que te voy a cocinar", y dije "Espérate, ahora todo cambia, yo soy el chef y ella enfermera y también cocina… hay que probar" y se dio el día y llegó el momento. Conduje hasta su hogar y a que no imaginan cuál fue la receta… la mejor lasaña de carne molida que he probado. Podrías decirme que hay miles de recetas y es verdad, incluso la receta original no lleva lo que un puertorriqueño le añade a su lasaña, y ya imaginarán.

Les cuento, esta lasaña tenía sus capas de buena carne molida sin grasa, se sentía que la habían hecho con un buen sofrito, no comprado, sino trabajado en un hogar con su rico ajo y pimiento verde, cebolla, y pimientos dulces, en fin, una mezcla de sabores. Luego, cada capa tenía queso crema, aportando una cremosidad, y una leve salsa blanca que se unía con la salsa roja creando una rosada, luego mozzarella y queso parmesano, y para cerrar con broche de oro: amarillitos. Y no podía faltar un pedazo de pan con ajo, y claro está, creado con pan sobao de panadería, con mantequilla y ajo del país. Ya pueden imaginar los colores y sabores… simplemente espectacular, nada comparado con los libros, sino una verdadera lasaña boricua, y como dice el refrán… "El amor entra por la cocina".

En ese momento si no entendía que Vanessa era el amor de mi vida no sé qué esperaba. Al sol de hoy vamos para 9 años juntos. Hemos construido una familia con amor, tenemos dos niños, William y Analia, y dos perritos: Marley y Camile. Ya no vivo en Las Piedras, ahora soy de Vega Alta. El amor llegó y ganó, y puede ser algo jocoso, pero esta historia de amor va más allá de una comida o un interés, va de la mano de creer en cada uno, de apoyar nuestros sueños, y de vivir buscando siempre dar lo mejor de cada uno. No importa lo simple de la vida, cuando lo haces con amor siempre tendrá un enorme significado. Hoy Vanessa es mi esposa y aún disfruto de sus comidas y ella de las mías. Gracias por un día hacer tu mejor receta y conquistar mi amor, por eso hoy les comparto esta receta con mucho amor.

"Donde hay amor hay vida".

-Mahatma Gandhi

LA **RECETA** *de Vanessa*

INGREDIENTES:

- **1 lb** de pasta para lasaña
- **½** cebolla blanca cortada en cubitos
- **1 lb** de carne molida
- **3** cucharadas de sofrito
- **2** dientes de ajo machacados
- **-** sazonador a gusto
- **2** cucharadas de aceite de oliva
- **2** tazas de pasta de tomate
- **½** taza de queso parmesano
- **1** taza de queso crema
- **-** perejil picado
- **1** taza de queso mozzarella
- **2** cucharadas de mantequilla

PREPARACIÓN:

1. Vamos a comenzar colocando una olla grande a fuego alto con agua, sal y aceite. Dejamos hervir para luego agregar nuestra pasta y cocinarla. Esto puede tardar unos 8 a 12 minutos.
2. Mientras se cocina la pasta, cocinamos la cebolla en una sartén con aceite de oliva hasta que cambie de color para luego dar paso al sofrito que tanto nos gusta con los dientes de ajo machacados.
3. Ahora que tenemos la base se vierte la carne molida. La condimentamos con sal, pimienta y sazonador a gusto. Removemos para que se cocine perfectamente. Luego tapamos y dejamos cocinar durante 10 minutos. Transcurrido el tiempo agregamos la pasta de tomate y tapamos nuevamente dejando hervir para que se mezclen los sabores.
4. Retiramos la pasta con la ayuda de un colador y luego pasar por agua fría.

5. Para irle dando forma a nuestro platillo, en un recipiente, vamos a hacer la mezcla de queso de tu preferencia. En esta ocasión usamos parmesano, mozzarella y ricota, a los cuales le vamos a agregar huevo y perejil para aromatizar mucho mejor nuestra receta.

6. Encendemos el horno a 375° C, luego untamos la base y costado del molde con mantequilla. Y la salsa de tomate que tenemos preparada, la echamos sobre la primera capa de pasta, posteriormente una capa de carne, luego la mezcla de queso, otra capa de pasta, y así sucesivamente hasta terminar la pasta, el queso y la carne. Recuerda cubrir en la parte de arriba con queso rallado para luego tapar con papel de aluminio.

7. Llevamos al horno y cocinamos durante 20 minutos. Una vez transcurrido ese tiempo retiramos el papel de aluminio y cocinamos unos 10-15 minutos para que el queso se derrita. Posteriormente retiramos del horno y dejamos reposar unos 20 minutos antes de cortarla.

8. ¡Listo! Ya tenemos preparada la lasaña de carne al estilo Vanessa, para que compartas y disfrutes con mucho amor con tu familia, ya sea en el almuerzo o la cena.

RISOTTO DE GANDULES

INGREDIENTES:

- ½ taza de arroz Arborio
- ¼ de cebolla blanca cortada en cuadritos finos
- 6-8 tazas de caldo de pollo
- ½ taza de vino blanco
- queso parmesano a gusto
- albahaca o cilantro fresco a gusto
- aceite de oliva para sofreír
- sal y pimienta a gusto
- 2 tazas de gandules

PREPARACIÓN:

1. Para el caldo prepare 6-8 tazas de caldo de pollo y en el mismo cocine 2 tazas de gandules hasta que estén tiernos y el caldo tenga sabor a gandules.
2. Cuele el caldo y reserve los gandules para el final.
3. En una sartén con aceite de oliva sofreír la cebolla por 2 minutos y luego agregar el arroz, sofreír por 1 minuto más, agregar el vino y reducir el mismo a la mitad.
4. Comenzar a agregar el caldo de gandules por etapas.
5. Agregue suficiente caldo como para que cubra al arroz, mueva constantemente y cocine hasta que se evapore el caldo.
6. Una vez evaporada la primera etapa de caldo agregue más y repita el proceso hasta que el arroz esté cocido.
7. Termine el arroz con los gandules, parmesano, albahaca, sal y pimienta a gusto.

LOMO DE **CERDO** RELLENO DE **PLÁTANO** AMARILLO Y ENVUELTO EN **BACON**

INGREDIENTES:

1 lomo de cerdo

4 plátanos amarillos grandes

1 paquete de bacon

2 ajos

1 cilantro picadito

1 cebolla blanca picadita

- sal y pimienta a gusto

4 sazón con achiote

PREPARACIÓN:

1. Limpie y lave bien el lomo de cerdo. Retire la grasa sobrante.
2. Luego abra el lomo de cerdo por la mitad y adobe bien con la sal, pimienta, ajo y sazón.
3. Deje reposar por 10 minutos.
4. Luego pique los amarillos y sofría en sartén con dos cucharadas de aceite. Retire del fuego y maje los amarillos.
5. Espere que enfríe y añádalo al lomo de cerdo. Ciérrelo y amarre con el bacon y precaliente el horno a 350° por dos horas segun las libras. Verifiacar antes que este bien cocido.
6. Luego deje enfriar. Puede picarlo en rodajas.
7. Ya está listo para servir con su complemento favorito.

CHURRASCO A LA PARRILLA Y CHIMICHURRI

al estilo de Bruno

Luis Navarro (con cariño Bruno)

Hoy me gustaría preguntarte,

¿Por qué has escogido a tus amigos? ¿Qué encuentras en alguien para llamarlo amigo o amiga?

Pues te contaré de mi amigo Bruno. Para el año 2012 o 2013, yo aún vivía con mi mamá y no teníamos carro en nuestro hogar. Me tocó ir a la escuela y a las citas caminando, y ya de joven ir a trabajar y a estudiar caminando también.

Recuerdo que a veces me cuestionaba por qué en casa no podíamos tener una vida normal, con un carro para movernos con facilidad, pero siempre aprendí a valorar lo que teníamos, y también a valorar tener un trabajo. Siempre trataba de ser responsable y llegar temprano, observar la vida, la naturaleza, y a las personas, y cantar.

Muchas veces iba hacia el trabajo o al colegio hablando con papá Dios en el camino, pidiéndole que siempre me cuidara. Cuando empecé a trabajar en Grand Cheese Pizza, junto al propietario Edwin David y los gerentes, Tony, y también Bruno, empezamos desde el día cero un proyecto de expansión en la pizzería que al sol de hoy cuenta con más de 6 establecimientos. Ese fue mi primer trabajo, donde me contrataron como equipo para abrir tienda.

PERSONAS ESPECIALES

Amaba todo lo que se hacía. Para muchos de nosotros, Bruno era ese maestro mayor, un poco serio, pero bien decidido a enseñarte si deseabas aprender. Recuerdo que un día me vio llegar a pies y me preguntó si deseaba pon, pues me podía acercar a mi hogar. Desde ese día comenzó nuestra amistad. No hubo un día donde no me diera consejos y compartiéramos ideas y gustos. Hasta abrió las puertas de su hogar para que compartiera con sus hijos y familia y me enseñó lo que es valorar la vida y a los amigos.

Fueron muchos años los que aprendí de él. Despedía el año con él y comenzábamos años juntos en familia, y a pesar de que yo era menor en edad nunca me trató indiferente, al contrario, hay consejos que me dio que nunca olvidaré, sin contar que un día me dijo: "ven, hoy es día de BBQ" y dije "waooooo, ya no es un sueño, ahora es real entre amigos y familia, hay algo que es sagrado y es un buen día de BBQ", y si el día está bonito o está lluvioso no importa, siempre se compran buenas piezas de carnes, se sacan los utensilios, y se crean diferentes sazones, colores, condimentos y salsas para la degustación. Se enciende la música, se acercan las sillas, y la mesa de dominó, y a jugar se ha dicho. Y entre tantos días así aprendí a ver la vida desde el ojo de un amigo; alguien que sacaba de su tiempo para compartir conmigo y hacerme parte de su vida como yo de la mía.

Bruno es muy especial en mi vida y siempre lo será. He probado carnes, pero como sus costillas y churrasco, waoooooo... puedes pensar que es fácil bregar en el grill, pero que la carne quede blanda y jugosa, y con sabor de principio a fin, a veces es difícil, y él lo lograba siempre. Además de una tarde de buenas charlas, música y BBQ. Jamás tendrá mejores significados que los que él le daba, por eso hoy te honro, mi amigo, y te agradezco cada uno de los detalles que siempre has tenido, y es más que un honor ser tu amigo... y con mucho amor les comparto esta receta. ¡Que la disfruten tanto como yo!

"En todo tiempo ama el amigo, y es como un hermano en tiempo de angustia".
Proverbios 17:17

LA **RECETA** *de Bruno*

INGREDIENTES

½ taza de cilantro fresco picado finamente

½ taza de perejil fresco, picado finamente

2 cdas de orégano fresco picado finamente

¼ de cebolla roja finamente picada

1 cda de ajo picado

1 cdta de hojuelas de pimienta roja

2 cdas de jugo de limón

2 cdas de vinagre de vino rojo

½ taza de aceite de oliva extra virgen

5 lbs de bistec cortado en cuatro trozos de 4 oz

PREPARACIÓN:

1. Para preparar el chimichurri, mezcle en un tazón pequeño el cilantro, perejil, orégano, ajo, la cebolla, y, si lo desea, la pimienta roja. Agregue el jugo de limón y vinagre. Poco a poco rocíe el aceite de oliva, revolviendo constantemente hasta que se mezclen.
2. Sazone con el adobo. Cubra y refrigere hasta que esté listo para su uso (se puede guardar en el refrigerador hasta por 3 días).
3. Para la carne, prepare la parrilla a fuego medio-alto, o caliente una cacerola a fuego medio-alto. Espolvoree el sazón y el adobo sobre la carne por ambos lados. Deje cocinar la carne, dándole la vuelta hasta que esté dorada, alrededor de 6 minutos para un término medio.

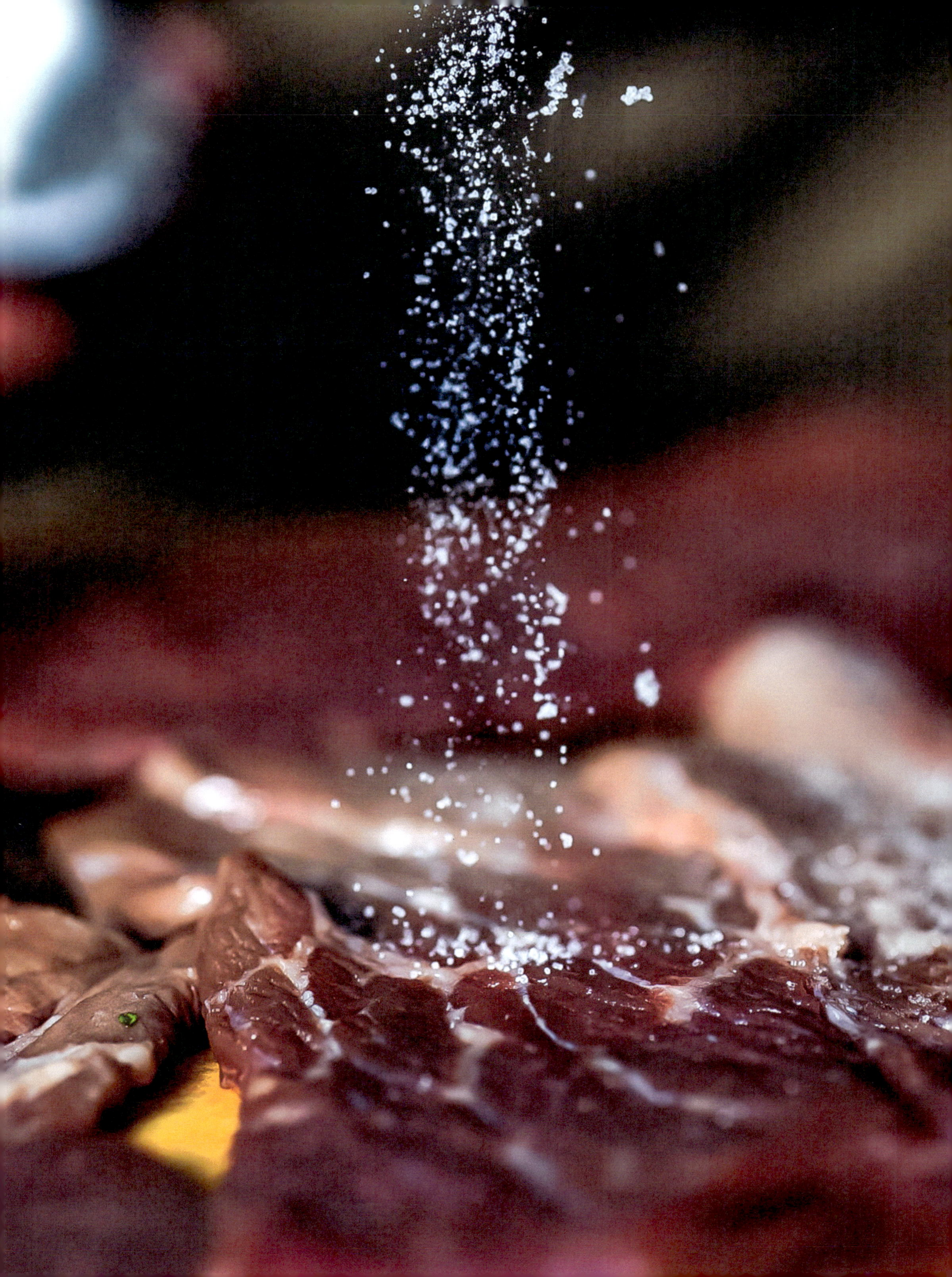

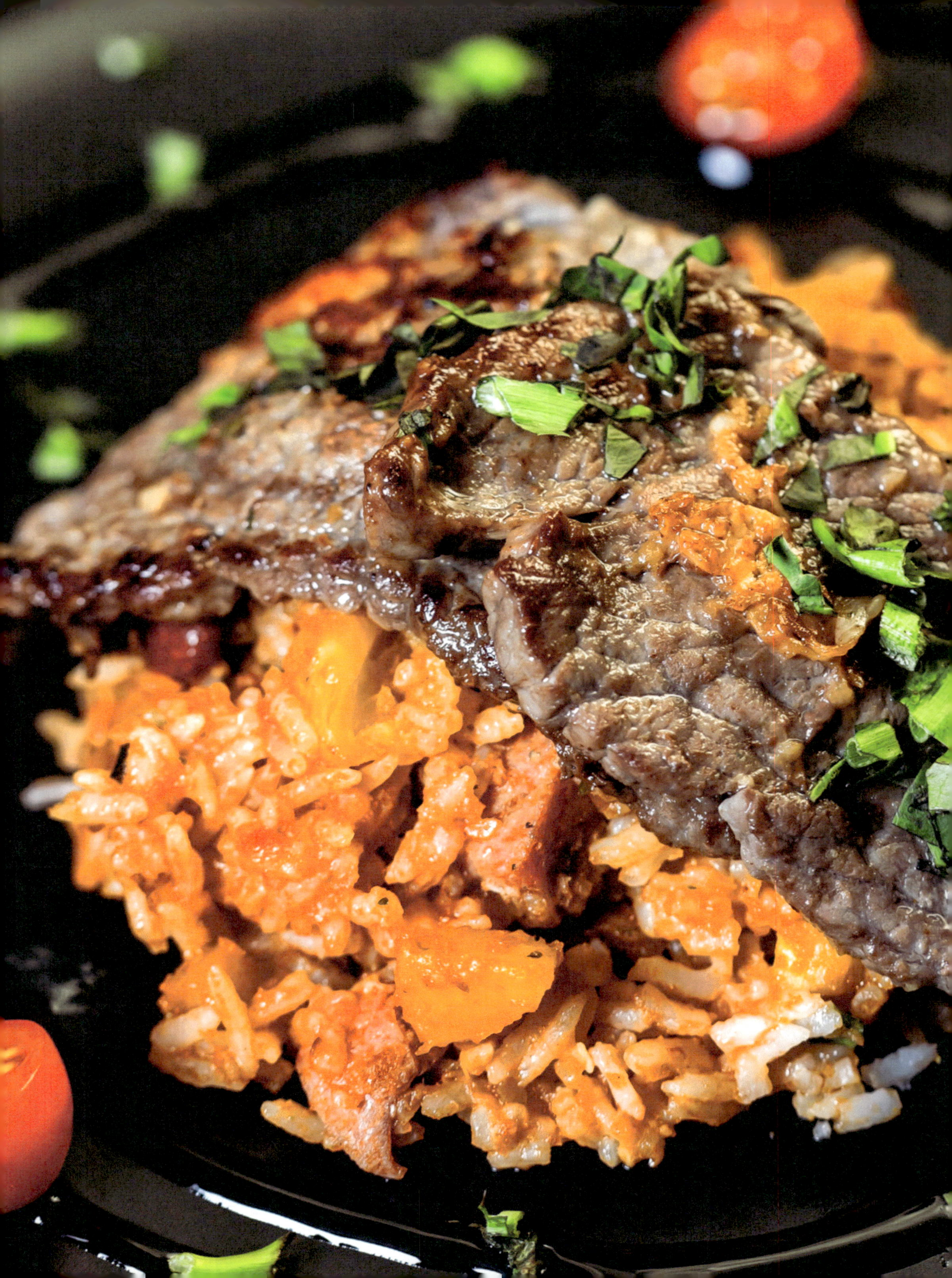

CHURRASCO
a lo Bruno

CAMARONES EN **COCO**

INGREDIENTES:

1 ½ libra de camarones medianos
¼ taza de mantequilla
½ taza de cebolla picada
1 cuchara de ajo
1 cuchara de harina de trigo
1 cuchara de jengibre rallado
1 lata de leche de coco
½ cuchara de curry
½ taza de cilantro picadito
1 pizca de sal

PREPARACIÓN:

1. En un sartén echa la mantequilla, calienta, echa la cebolla, ajo, jengibre y cocina por 2 a 3 minutos.
2. Echa la harina de trigo y añade la leche de coco, poco a poco
3. Añade el curry y el cilantro.
4. Echa los camarones en la salsa y cocina por 3 a 5 minutos.
5. Sirva con verduras o arroz blanco.

PECHUGAS RELLENAS DE TRIFONGO

INGREDIENTES:

- **4** pechugas con corte mariposa
- **1** paquete de tocineta
- **1** taza de yuca hervida
- **1** taza de plátano amarillo
- **1** taza de plátano verde
- **1** barra de mantequilla sin sal
- **1 cdta** de sal
- **1 cdta** de pimienta
- **3 cdas** de aceite de oliva
- **1** lata de consomé de pollo
- **1** diente de ajo machacado
- **½** taza de pimientos rojos
- **½** taza de cilantro fresco
- **¼** taza de agua

PREPARACIÓN:

1. Enciende el horno a 350°.
2. Adoba con sal y pimienta las pechugas cortadas en mariposa.
3. Maja la yuca hervida con mantequilla y ajo.
4. Deja que repose el plátano verde y el plátano amarillo.
5. Luego rellenas las pechugas con la vianda majada y las envuelves con tocineta.
6. Colócalas en un molde con papel de aluminio y llévalas al horno por 45 minutos. Retiras el papel de aluminio y dejas que se doren por 5 minutos, Luego las retiras del horno y listo.

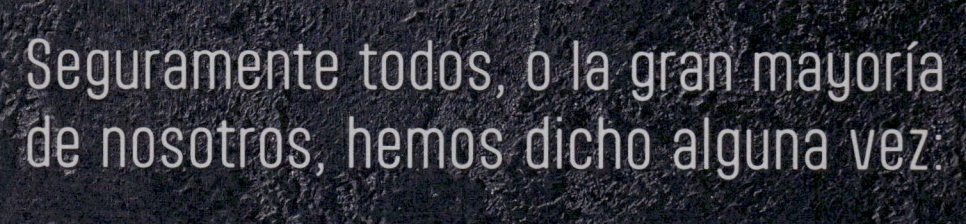

Seguramente todos, o la gran mayoría de nosotros, hemos dicho alguna vez:

Nadie cocina como mami...

Como mi PAPÁ nadie cocina

ARROZ BLANCO CON POLLO GUISADO

al estilo de Mami

Carmen Sanabria

Te contaré esto para que junto a mis letras viajes en los recuerdos que atesoro de la mejor comida de mi mamá Carmen, o como le dicen, Carmín.

Ella es ángel especial para mí, y no porque sea mi mamá, pero mi papá murió cuando yo tenía diez años y ella siempre se dedicó a ser esa madre y amiga que no solo llenó el espacio vacío que dejó mi papá, sino que me crio a mí como hijo mayor y luego llegaron mis otros dos hermanos: Abimael y Itza, y aunque ellos tal vez tenían otras comidas favoritas.

Yo vivía encantado de que ella hiciera su arroz con pollo guisado, aunque fuera una receta muy sencilla o tradicional, pero el arroz lo hacía en un caldero pequeño de metal que tenía los mismos años que tengo yo ahora.

Tanto es así que ya esa compañía debería haberla contratado para que demostrara a sus ejecutivos cómo sacarles provecho a sus calderos. Siempre hacía la misma medida de arroz, y no importaba si llegaba visita, no sé cómo daba para nosotros cuatro y la visita, y no solo eso, hacía pegao' (para los que no conocen el término, el pegao' es una porción del arroz que se queda en el fondo junto al aceite y la sal y se tuesta hasta el punto de ser crocante, de un color traslúcido y un sabor especial) y tenías que tener cuidado con tus dientes porque los podías perder por lo duro que se ponía.

Creo que nunca se le pasmó un arroz o se le secó el grano mediano. Le quedaba a la perfección. Entonces, venía la otra parte; seleccionar las piezas de pollo, muchas veces frescas del país o congeladas, en sus manos aún cansadas siempre las seleccionaba bien y les quitaba la grasa no necesaria.

El truco del pollo guisado es crear una mezcla de ingredientes y que espesen lo necesario para que cree un gravy perfecto para echárselo encima al arroz blanco de mami…

Recuerdo que mi casa era de dos pisos, los cuartos estaban arriba, y hasta ellos subía ese olor que se desprendía de la mezcla de la papa, la zanahoria, la cebolla, el sofrito, y el cubito de pollo. Todavía recuerdo los sonidos de la cebolla al caer en el sartén o caldero… En fin, lograr hacer que todos esos ingredientes creen un gravy o espesor no siempre es fácil.

Amaba comer esta comida en días lluviosos, y más porque se hacía con amor… si me dejaban repetir mejor… Así que te invito a que conozcas esta receta y compartamos recuerdos…

"El amor de una madre refleja el amor de Dios".
-Mayra Beltrán

Todavía recuerdo los sonidos de la cebolla
al caer en el sartén o caldero...

Chef Edwin

LA RECETA *de Mami (Carmen)*

INGREDIENTES:

3 ½ lbs de pollo, troceado

3 tazas de arroz grano mediano

3 ½ tazas de agua

½ de taza de sofrito básico (**¼** de cebolla, pimiento verde, picaditos y

3 dientes de ajo machacados)

½ cucharadita de comino molido

2 cucharadas de aceitunas con alcaparras

1 cucharadita de sazonador que contenga culantro y achiote

2oz de salsa de tomate

2 cucharadas de aceite (para sofreír el pollo)

- Sal y pimienta negra al gusto

PREPARACIÓN:

1. En una olla, añada el pollo ya picado y adobado a su gusto.
2. Añada el sofrito, el picadillo de cebolla, pimiento morrón, pimiento verde, aceitunas, hoja de laurel, y el agua. Luego añada la sazón con achiote y las papas peladas y picadas.
3. Suba el fuego y cocine por 30 minutos.
4. Añada la zanahoria y la salsa de tomate.
5. Una vez se haya calentado y espese, verifique la sal al gusto. El arroz blanco tradicional se hace con aceite y sal, y grano mediano, hasta que quede suave y mojadito. Listo para servir.

ENSALADA DE **PAPA**

al estilo de *María Negrón*

¿Te ha pasado que sientes que conoces a alguien desde hace mucho tiempo y no es así?

Si te ha pasado te contaré mi historia, para el 2015 llegué a la vida de una nueva familia, la de mi esposa. Junto a eso muchas personas se añaden a tu vida, unas que no imaginarías y otras que a veces no lo entiendes, pero sigues adelante… pues entre esas personas encuentro a doña María Negrón.

Sí, ya sé que es un nombre fuerte, y sí es ese tipo de mujer fuerte en carácter, pero grande en corazón, y cuando llegó a su vida venía con muchas presiones, ya que mi esposa había tenido a otra persona en su vida y su legado no fue muy bueno, pero trabajé y di lo mejor de mí, y utilicé todo lo que estaba a mi alcance para ganarme su respeto y que viera que soy diferente, y con el pasar del tiempo siembras una semilla y en su momento dará sus frutos.

Ahora María es como una abuelita para mí, y aunque tengo una de padre nunca esta demás tener dos. Mis días cambiaron, compartimos recetas, aprendo de sus vivencias, me enseña sus trucos culinarios que no están en los libros de cocina que solo lo aprendes en el fogón en el calor. Y no solo eso, me ha ayudado en mi caminar, siempre hablándome de Jesús. Hasta que llegó el día que probé la mejor receta de ensalada de papa del mundo, y mira que a mis 40 años he comido, ja, ja, ja.

Es una mezcla se sabor, de textura, de colores, de productos en su punto y una cremosidad excelente, y un color hermoso… sí, podrías pensar que es una locura, pero no hay nada más rico que usar los productos con amor, y seleccionarlos por separado y que cada procedimiento sea en su punto… la ternura de sus manos… la historia detrás de que haga la ensalada en cada día especial… y sabes que Puerto Rico tiene tantos días especiales y siempre me antojaba de su ensalada de papa y por eso hoy te enseño su receta con mucho amor y respeto para que siga su legado. Gracias, María, por ser parte de mis raíces, de mi cocina …

"La gratitud es la memoria del corazón".
-Anónimo

LA RECETA INGREDIENTES:

- **4-5** huevos grandes
- **2 ½** libras de papas peladas y troceadas
- **4** oz de pimientos morrones picados (sin líquido)
- **¾** taza de mayonesa
- **1** manzana picada
- - sal a gusto

PREPARACIÓN:

1. Hierve los huevos en suficiente agua con sal por 14 minutos y luego pasa a un bowl grande con agua con hielo.
2. Hierve las papas en abundante agua con sal por 10 minutos o hasta que estén completamente cocidas y nada duras.
3. Pela los huevos y pica en trozos muy pequeños.
4. En un envase mezcla bien todos los ingredientes integrando la mayonesa poco a poco.
5. Luego pasa al envase o molde de servir.
6. Guarda en nevera tapado hasta la hora de servir.

PAELLAS
del Chef Edwin

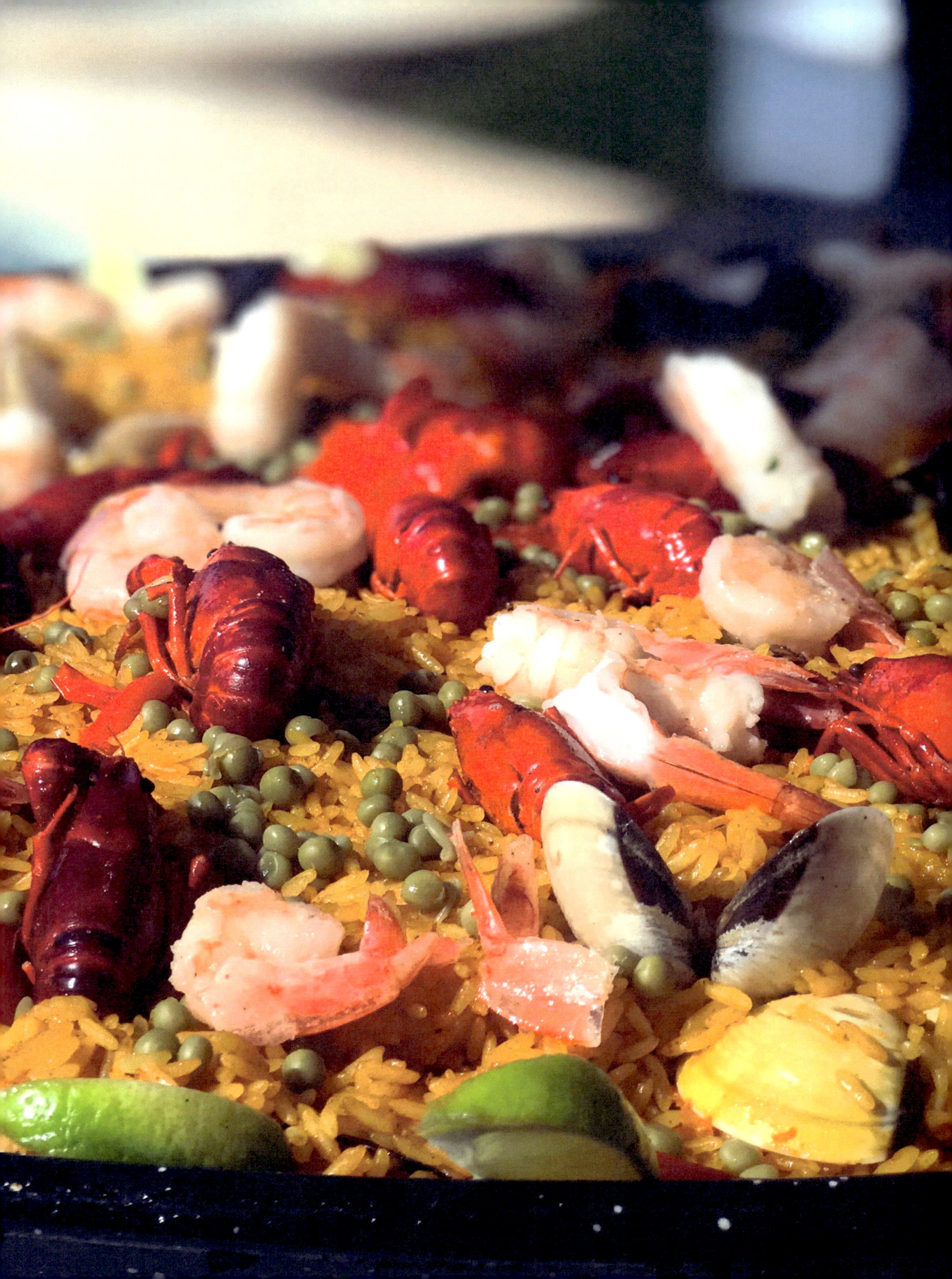

PAELLA DE **CARNES**

INGREDIENTES:

4 tazas de caldo de pollo

½ cucharadita de hebras de azafrán

3 cucharadas de aceite de oliva extra virgen

6 onzas de chorizo rebanado

6 onzas de longaniza de cerdo rebanado

6 onzas de longaniza de pollo rebanado

1 cebolla grande finamente picada

½ taza de pimiento rojo finamente picado

3 dientes de ajo picados

1 cucharadita de pimentón ahumado español

1 ½ tazas de arroz español de grano corto

½ taza de pasta de tomate (fresco o enlatado)

- sal y pimienta a gusto

1 mazo de cilantrillo fresco

PREPARACIÓN:

1. Caliente el aceite en una paellera de 12 a 14 pulgadas. Agregue el chorizo y las longanizas previamente picadas y saltee a fuego medio hasta que estén ligeramente doradas.
2. Retírelas de la paellera y colóquelas a un lado.
3. Agregue la cebolla, el pimiento morrón, el ajo, y las hierbas de azafrán a la paellera. Saltee hasta que estén suaves. Agregue el pimentón y el arroz e incorpore el puré de tomate.

4. Devuelva las carnes y mezcle bien hasta que todos los granos hayan tomado un color parejo.

5. Agregue el caldo y mezcle bien nuevamente una vez sazone el líquido a gusto. (El caldo debe estar hasta los botones internos que se encuentran dentro de la paellera).

6. Cocine, sin tapar, a fuego medio durante unos 25 minutos, hasta que se absorba el líquido y el arroz esté tierno. (De faltarle un poco, tape con aluminio, y en 10 minutos estará listo para decorar y servir).

PAELLA **JIBARITA**

INGREDIENTES:

4 tazas de caldo de lomo de cerdo

½ cucharadita de hebras de azafrán

3 cucharadas de aceite de oliva extra virgen

6 plátanos rayados

- pasteles hervidos

1 cebolla grande, finamente picada

½ taza de pimiento rojo finamente picado

3 dientes de ajo picados

1 cucharadita de pimentón ahumado español

1 ½ tazas de arroz español de grano corto

½ taza de pasta de tomate (fresco o enlatado)

- sal y pimienta a gusto

1 mazo de cilantrillo fresco

PREPARACIÓN:

1. Caliente el aceite en una paellera de 12 a 14 pulgadas. Agregue el cerdo ya picado y adobado con ajo y sal y saltee a fuego medio hasta que estén ligeramente doradas.
2. Retírelas de la paellera y colóquelas a un lado.
3. Agregue la cebolla, el pimiento morrón, el ajo y las hierbas de azafrán a la paellera. Saltee hasta que estén suaves. Agregue el pimentón, el arroz e incorpore el puré de tomate. Añada la rayadura de plátano.
4. Devuelva la carne y mezcle bien hasta que todos los granos hayan tomado un color parejo.
5. Agregue el caldo y mezcle bien nuevamente una vez sazone el líquido a gusto. (El caldo debe estar hasta los botones internos que se encuentran dentro de la paellera).
6. Cocine, sin tapar, a fuego medio durante unos 25 minutos, hasta que se absorba el líquido y el arroz esté tierno. (De faltarle un poco, tape con aluminio y en 10 minutos estará listo para decorar y servir. Al final añada los pasteles para decorar).

PAELLA **VEGANA**

INGREDIENTES:

1 taza de arroz de grano mediano (ideal para paella)

½ lb de setas en rodajas

½ cucharadita de sal y pimienta

1 cebolla cortada en cubitos

3 dientes de ajo picados

1 lata (14 oz) de garbanzos escurridos y enjuagados

1 frasco (6 oz) de corazones de alcachofa picados

½ taza de aceitunas negras sin hueso

1 taza de tomates deshidratados finamente picados

3 cucharadas de aceite de oliva

1 cucharada de tomillo fresco finamente picado

1 cucharadita de pimentón ahumado

1 taza de brécol y zanahoria

1 taza de coliflor

PREPARACIÓN:

1. Para comenzar, calienta el aceite de oliva a fuego medio-alto. A continuación, agrega las setas. Añade sal y pimienta y cocina durante 5 a 8 minutos o hasta que estén ligeramente dorados.

2. Reduce el fuego a medio; agrega la cebolla picada, el ajo y el tomillo. Cocina entre 3 a 5 minutos o hasta que la cebolla se ablande un poco. Agregue el arroz, los garbanzos escurridos, las alcachofas, las aceitunas, los tomates deshidratados y el pimentón ahumado. Cocine por 2 a 3 minutos o hasta que estén cocidos los ingredientes. Vierte el caldo y cocina hasta hervir.

3. Reduce el fuego a medio-bajo; cocina por entre 15 y 20 minutos más, o hasta que el arroz esté tierno y la mayor parte del líquido haya sido absorbido. Incorpora los espárragos en los últimos 5 minutos de tiempo de cocción. Cubre y deja reposar por 5 minutos.

4. Por último, para decorar, añade el brécol, la zanahoria y el coliflor. Agregue la ralladura de limón, el jugo de limón, el perejil, y el cilantro fresco, y ya estás listo para servir tu paella vegetariana.

ARROZ BLANCO CON CORNED BEEF

al estilo de Julio

¿Has atesorado un recuerdo en tu mente y jamás se borra?

Como para el 1998, Puerto Rico sufrió un huracán llamado George. Yo vivía en Las Piedras, cerca de Humacao y de Yabucoa. Muchas tormentas y huracanes que han azotado a nuestra isla habían entrado por esa ruta. En ese tiempo, al lado de nosotros vivía una familia bien especial compuesta por Ruthy y Julio. Él era de carácter fuerte, y aunque había trabajado muchos años, ya estaba descansando y empezando su proceso de salud… Yo siempre he visto a las personas mayores como potenciales amigos, en ocasiones porque me sentía a gusto, y en otras porque sentía que aprendía más de la vida.

Recuerdo que sus hijos le daban candela y corajes, y había momentos que daba risa verlo porque sus hijos lo molestaban para verlo enojado. Julio siempre tuvo una conexión conmigo. Recuerdo que pasábamos ratos hablando.

A mí siempre me ha gustado la tecnología, y lo ayudaba en lo que pudiera. Recuerdo que un día llegó el huracán, y si algo bueno tenía vivir en el residencial era que todos los vecinos se unían y nos cuidábamos, sacábamos carnes y cocinábamos de todo, para que no se nos dañara y todos pudieran comer. Había una manera diferente de ver las cosas malas que pasaban. Recuerdo que no era permitido usar estufas de gas, y mami improvisaba y cocinaba sin estufa. Y éramos felices, pero un día marcó mi vida, y no por el hecho de que fuera una comida, era el sentimiento de ser humano que convierte a personas que no conocemos en familia en poco tiempo.

Si algo tiene esta hermosa isla es que en cualquier lugar siempre existirá alguien que te brindará una sonrisa y ayuda, aún sin conocerte. Recuerdo que un día había mucha lluvia, creo que nos habíamos mojado y el agua daba frío y hambre, y fui a cambiarme y julio me llamó para que fuera a su casa. Pensé que era para ayudarlo con algo y rápido fui a su hogar, cuando me dice "ven atrás de la casa", y para mi sorpresa había creado una estación de madera con una cocina de gas improvisada y había cocinado arroz blanco y corn beef estilo Puerto Rico, y le digo "Wao, qué hermoso" y me dice:

"Te llamé para que te sirvas, comas conmigo y luego le lleves a tu familia"

Yo veía la lluvia caer en un día frío y sentarme con más que un vecino, un amigo, a compartir una comida acabadita de hacer después de muchos días sin luz, apenas agua, y disfrutar de este plato hecho por él... si has cocinado corn beef sabes que se ve fácil, pero tiene sus estilos, y tienes que mezclar todo, y que no se te queme o quede salada. Debe quedar en su punto de color, sabor, cebolla, aceite y plátanos amarillos o papas fritas (o ambas). Eso hace resaltar el sabor. Ese día más que nunca valoricé tener una amistad diferente y especial, y aprendí que las edades no tienen límites y que hay que valorar los pequeños detalles de la vida por que el mañana es impredecible y el hoy tiene tiempo de caducidad. Por eso te llevaré en mis recuerdos, Julio, y aunque hoy no estás entre nosotros, ya descansas. Comparto este recuerdo y la receta que siempre me recordará tu amistad y que los detalles de la vida nunca expiran…

"Un amigo es una persona con la cual se puede pensar en voz alta".
-Ralph Waldo Emerson

LA **RECETA** *de Julio*

INGREDIENTES

½ taza de aceite (puedes utilizar aceite vegetal)

1 plátano maduro

1 cebolla

½ pimiento verde

2 cucharadas de sofrito

2 cucharadas de salsa de tomate

1 ½ cucharadita sazón

1 lata de corned beef de 2 onzas

½ taza de agua

NOTA:

En Puerto Rico, el **corned beef** se prepara de 2 maneras. Uno es con plátano maduro, y la manera más común es con papas fritas.

Si desea intercambiar, solo tome una papa, pélela y córtela en la forma clásica para papitas fritas. Luego añada sobre el arroz blanco.

PREPARACIÓN:

1. Pela el plátano (ayuda a equilibrar el sabor salado) y córtalo por la mitad, (puedes usar más de 1). Luego corta cada mitad en 3 o 4 piezas largas. En una sartén grande agregua el aceite a fuego medio alto. Fríe los plátanos amarillos durante aproximadamente 1 minuto por cada lado o hasta que tengan un color dorado. Retira el aceite y enfriar. Luego debes cortarlos en cuadros y reservar.

2. Corta la cebolla y el pimiento verde. Picar en trozos de aproximadamente 1 pulgada de largo. En la misma sartén de los plátanos, agrega la cebolla y el pimiento verde, y saltea durante unos 2 minutos.

3. Agregue el sofrito, la salsa de tomate, el sazón y los plátanos cortados con las cebollas y los pimientos. Cocine por 2 minutos.

4. Agregue la corned beef y con una cuchara comience a separarla en pedazos más pequeños y mézclela con los demás ingredientes. Agrega el agua y cocina por 6 minutos. Revuelve ocasionalmente.

ENSALADA PASTA FRÍA **CAVATAPPI**

INGREDIENTES:

3 lbs de pasta cavatappi

½ cda de aceite de oliva extra virgen

1 cda de vinagre balsámico de Módena

1 diente de ajo

5 tazas de tomate "cherry"

8 hojas grandes de albahaca fresca

- sal
- pimienta negra recién molida
- pimientos de tres colores
- cilantro a gusto

PREPARACIÓN:

1. Prepara con 1-2 horas de anticipación para que se enfríe y se unan los sabores.
2. Hierva la pasta en abundante agua y sal a gusto. Luego, en un envase aparte, mezcle todos los ingredientes ya lavados y picados.
3. Verifique la sal y la pimienta que tenga consistencia de marinado, luego de que saque la pasta, enfríela y únala a la mezcla.
4. Muévela bien y póngala en la nevera y en 10 minutos estará lista para servir.

MAMPOSTEADO DE GANDULES CON LONGANIZA

INGREDIENTES:

¼ taza de aceite de oliva

¼ lb de jamón de cocinar troceadito

3 tazas de arroz blanco cocinado

½ taza de pimientos de colores picaditos

¼ taza de cilantrillo fresco picadito

1 plátano maduro grande frito y troceadito

¾ taza de sofrito

1 cdta de ajo picadito

1 lata de 16 oz de gandules

½ cebolla blanca picadita

- longaniza picadita y sofreída

PREPARACIÓN:

1. Prepara los gandules guisados. En un sartén grande echa el aceite de oliva, calienta y añade el jamón de cocinar y saltea por varios minutos.
2. Luego echa el sofrito y el ajo y cocina a temperatura mediana por 2 a 3 minutos. Añade los gandules, sazona al gusto, tapa y cocina a temperatura mediana por 10-12 minutos.
3. Prepara el mamposteao. En un sartén profundo echa un chorrito de aceite de oliva, calienta y echa la cebolla, pimientos y saltea a temperatura media alta, moviendo constantemente.
4. Añade el arroz y saltea a temperatura mediana por varios minutos.
5. Añade los gandules guisados escurridos (reserve el líquido del guiso y utilice lo necesario para hacer el mamposteao).
6. Luego añade los plátanos fritos y troceaditos y el cilantrillo picado.
7. Saltea por unos segundos, añade la longaniza y listo para servir. Servir caliente.

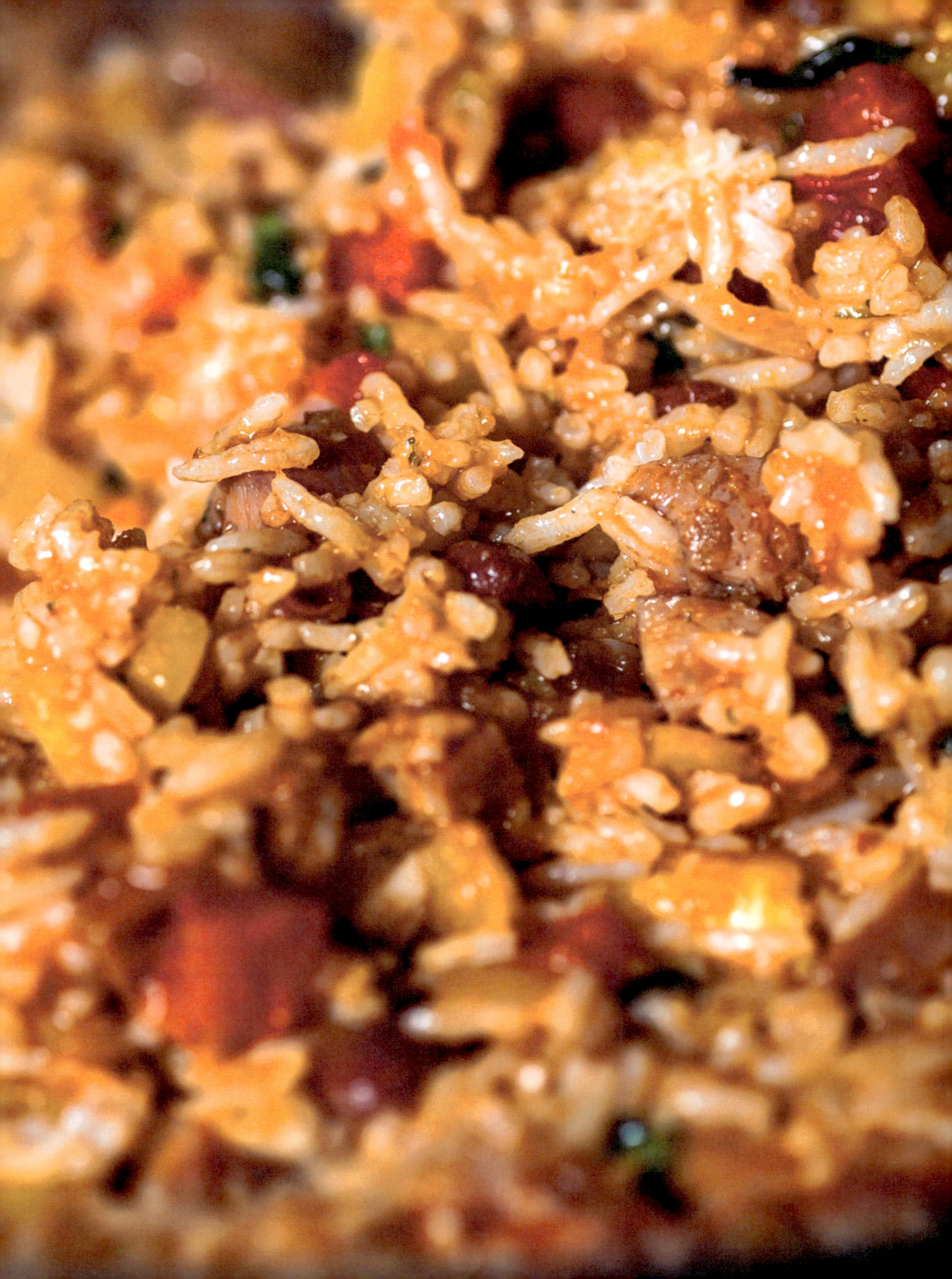

ARROZ CON VEGETALES

al estilo de Tío Aniano

¿Has tenido un ejemplo a seguir en la vida?

Recuerdo que para mis tiempos de niño, la familia de mi papá se reunía a celebrar muchas fiestas. Gracias a eso ahora recuerdo mucha música como de Josie Esteban y Bonnie Cepeda, entre otros… y comparado a lo que vivimos ahora, las fiestas de navidad y despedida de año nunca serán las mismas.

Recuerdo que siempre había muchos menús tradicionales o aperitivos clásicos, pero algo siempre fue especial: mi tío Aniano; un hombre muy callado, pero que te sorprendía al cocinar. Había vivido parte de su vida cocinando en la industria, y se veía reflejado en su paladar y en la decoración de sus comidas, en especial su arroz con vegetales.

Nunca había visto tan de cerca una bandeja de arroz decorada con tantos colores y sabores, y pensar que el arroz con vegetales tiene tantas variaciones, y más ahora en una era de vegetarianos y veganos. Lo más que me marcaba era su sabor, pues no era nada parecido a lo que había comido, usaba otros ingredientes y su sabor era más comercial, era de esas comidas que sólo comes en hoteles o cruceros. En ese momento despertó mi deseo de aprender cocinar más.

Ver cómo cada vez que tío cocinaba siempre sabía igual me sorprendía. Nunca cambió sus técnicas de decoración, condimentos y sabor con el pasar de los años, y su legado siempre vivirá en mis memorias, pues su calidad, su mirada y su tierna forma de ser aún la veo en sus hijos y nietos, y aunque ya sus días en la tierra se acabaron, en nuestros corazones y en compartir esta receta que me recuerda a él siempre vivirá. Hoy se las comparto.

NOTA FAMILIAR:

Tío Aniano es esposo de mi tía por parte de padre, y fue un hombre especial que amó a su familia y siempre estaba dispuesto a hacernos sentir bien con su forma tan humilde de ser y de hablar. Recuerdo que, en las fiestas familiares, yo de niño, veía sus platos, su forma de cocinar y decorar.

Fue inspiración porque en mi mente siempre decía: "Me gustaría lograr eso, que las personas prueben mi comida y jamás lo olviden", y él es parte de esta historia culinaria.

"Que desde el cielo siempre nos des tu bendición. Puse en el Señor toda mi esperanza, él se inclinó hacia mí y escuchó mi clamor".

Salmo 40:1

LA **RECETA** *de Tío Aniano*

INGREDIENTES

3 cucharadas de mantequilla

3 dientes de ajo picado

2 hojas de laurel

½ taza de cebolla, pimiento verde y pimiento rojo

2 tazas de caldo de pollo

2 tazas de arroz grano mediano

1 cucharadita de cúrcuma en polvo

1 cucharadita de sal

½ a **¾** taza de vegetales mixtos congelados (descongelados)

PREPARACIÓN:

1. En una olla mediana calienta la mantequilla hasta que se derrita. Añade el ajo y mezcla. Añade la cebolla, los pimientos y las hojas de laurel y mezcla.
2. Incorpora todo el arroz para sellarlo, mezclando todo el tiempo a temperatura media alta, pero si se va dorando mucho baja a media.
3. Añade la cúrcuma y mezcla bien. Incorpora el caldo de pollo, luego la sal y mezcla. Espera a que comience a hervir.
4. Cuando hierva, baja la temperatura a media. Tapa y deja cocinar por 18 minutos.
5. A los 18 minutos, añade e incorpora los vegetales mixtos descongelados. Mezcla bien y vuelve a tapar por 2 minutos adicionales.
6. Apaga la hornilla y remueve del caliente, pero mantén tapado por 5 minutos adicionales.

CHURRASCO
EN SALSA DE SETAS

INGREDIENTES:

4 churrascos preparados a la plancha y cortados en tiritas

¼ taza de mantequilla derretida

1 taza de cebolla picadita

8 oz de setas rebanadas frescas

½ cda de harina de trigo

1 cdita de salsa morena (browning sauce)

- salsa inglesa "Worcestershire sauce" a gusto

½ taza de caldo de pollo

½ taza de vino jerez

PREPARACIÓN:

1. Prepara la salsa. En una sartén echa la mantequilla, las cebollas, y las setas, y saltea por varios minutos.
2. Añade la harina de trigo, el caldo y el vino, poco a poco.
3. Añade la salsa morena y la salsa inglesa y sazona a gusto. S
4. irve la salsa con las tiritas de churrasco.

Cheo Torres

Mi eterno vecino

¿Alguna vez has tenido un vecino con quien jamás te hayas enojado?

Siempre sucede algo. Podemos contar mil historias, buenas y no tan buenas, con los vecinos, pero te contaré la mía... Viví en un pueblo pequeño, pero grande en corazón, llamado Las Piedras "El pueblo de los artesanos". Recuerdo que para el día que conocí a Cheo vivía en el Edif. 3 Apt.19 de Jardines de Judelly. Qué inimaginable fue conocerlo, a su familia y a la de su esposa.

Fueron muchos años de bellos recuerdos y te contaré por qué... Como niño, vivir en el residencial o "el caserío" como muchos le dicen es vivir cerca del pueblo y entre mucho cemento. Tal vez con pocos recursos, pero lo que sí encontré en él fue una vida llena de alegrías y deportes. Amaban la pelota. Nunca entendí cómo podía ir a los juegos y venir a ayudar a los niños y enseñarles deportes, y en la mañana ir a trabajar día a día incansable, y más aún, ayudar a la comunidad y cultivar la magia de que las navidades siempre eran especiales con ellos, pues yo interesado en la cocina desde niño, ¿imaginas asar un lechón en el caserío? Ja, ja, ja. Pues ese día por primera vez vi cómo en la parte de atrás de su casa se creó un espacio para asar lechones, y no sólo eso, el olor a carbón y a especies, sal, pimienta y ajo, y el olor del fogón llegaba a mi casa.

Por muchos años recordaba la navidad con más amor al escuchar la música típica que ponía don Hoyo, su suegro, que descanse en paz. Cheo es un hombre alto, moreno, fuerte, con voz fuerte, pero apacible, y llegar a casa y decir a voz alta

"Carmínnnn" con un detalle de vecinos, un plato de arroz con gandules y lechón, ¡waoooooooo! Si no estás en Puerto Rico o si me lees de otra cultura, en Puerto Rico es el plato más sagrado en navidad: un rico pedazo de lechón a la vara y arroz con gandules o pastel por el lado es una delicia culinaria criolla y local. Y siempre donde comía una persona comían muchos más.

Su casa era un refugio de alegría y fiesta. Un día me ofreció la oportunidad de ir con él y con su familia de madrugada a la tradición de ir a preparar el lechón desde el proceso 0 hasta que llegara a la vara, para mí, aún al sol de hoy, es inimaginable la experiencia. Yo de joven ver todo el proceso, y aunque algunos detalles eran fuertes gráficamente, llegar a ver todo me dio una experiencia que jamás creí vivir y menos en nuestro pequeño espacio de paredes de cemento, alegrías y tristezas, pero la vida de vecinos era lo mejor de la navidad. Recuerdo que un día me dijo "Edwincito" ja, ja, ja, como me llamaban de niño "ven, ayúdame a girar la vara del lechón, pero solo a la derecha, nunca a la izquierda por que se desamarra y se cae de la garra del fogón" y yo inocente le hice caso, y recuerdo las risas. Yo miraba para hacerlo bien y creo que en un momento me confundí y viré mi mano a la izquierda y dije, ahora fue, este lechón se caerá, ja, ja, ja, y fui a advertirle y entre risas me dijo "tranquilo, lo amarramos bien".

A pesar de días tristes, cuando perdíamos familia o vecinos siempre Cheo te miraba, hablaba y daba paz y tranquilidad. Sabía que vecinos así jamás tendría de nuevo. Mis navidades en el caserío fueron inimaginables, con las caras lindas de mi gente que reían y lloraban, pero siempre miraban hacia adelante. Un vecino siempre será la mano amiga y familia en tiempos de frío o hambre... Gracias, Cheo, por aportar y ser parte de mis Raíces de cocina.

> "La alegría de la vida proviene de nuestras nuevas experiencias, por lo tanto, no hay mayor alegría que tener un horizonte sin fin para cambiar; que el sol salga de nuevo cada día".
> -*Escritor desconocido*

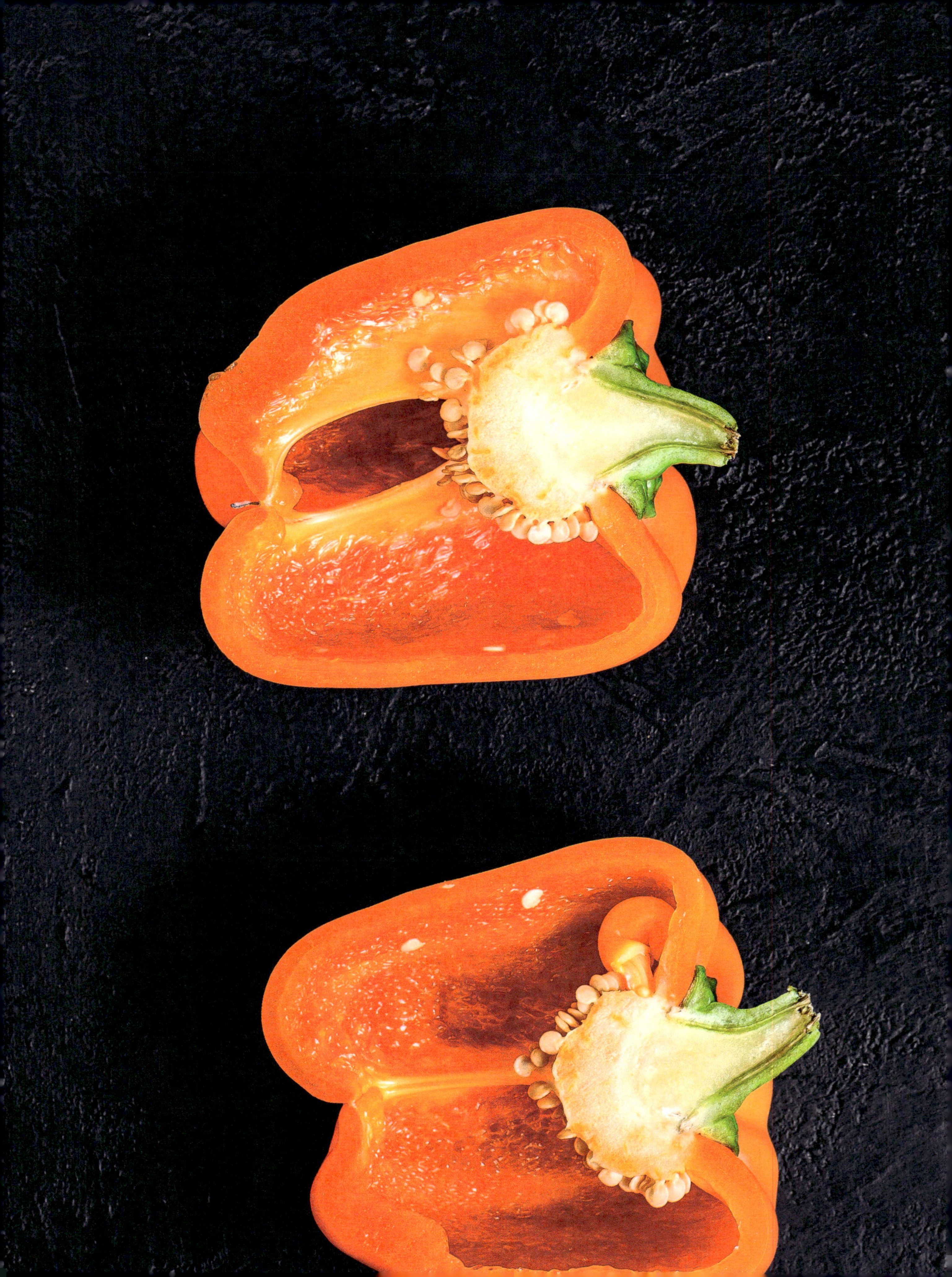

PIMIENTO ANARANJADO

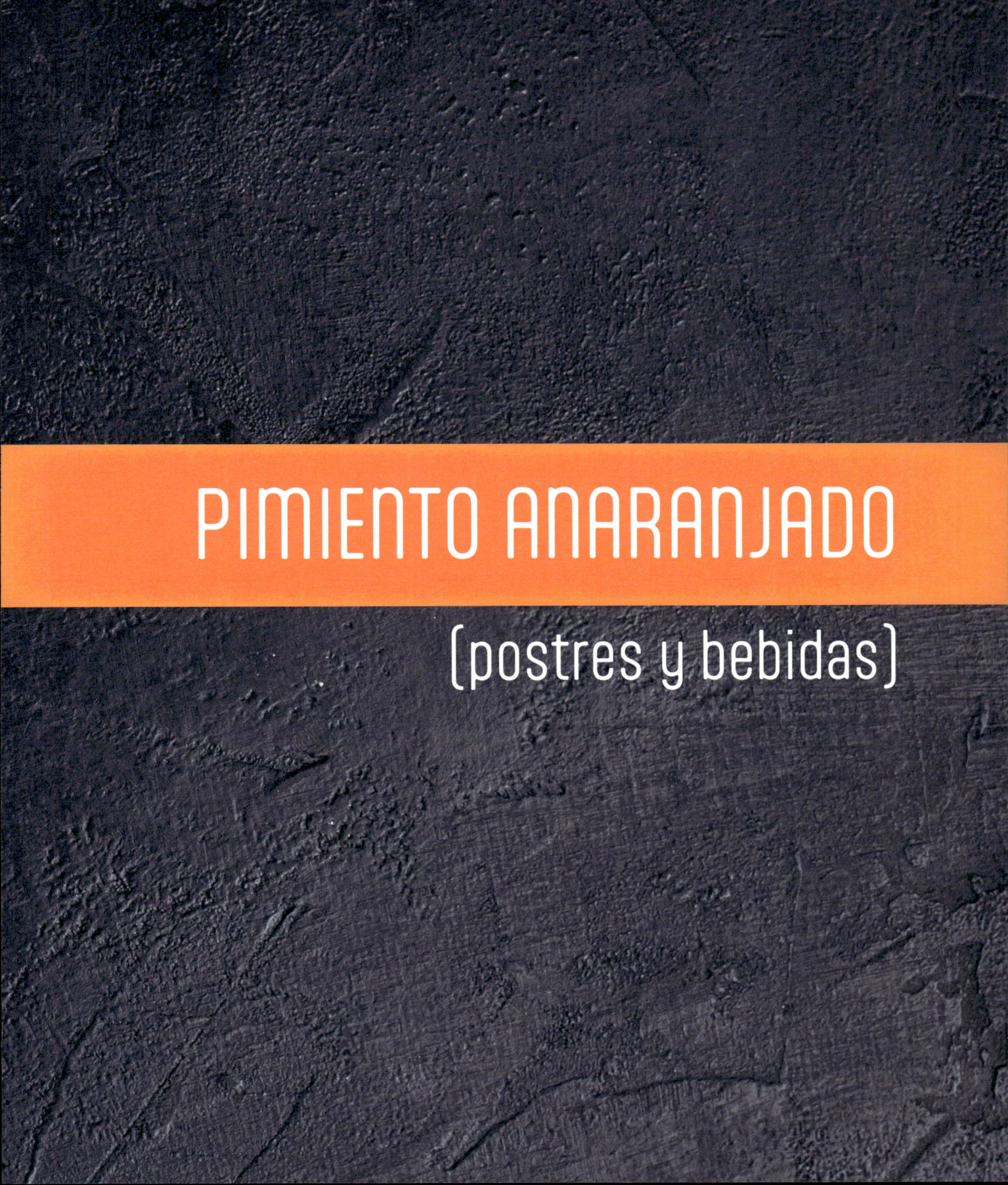

(postres y bebidas)

FLAN DE QUESO

INGREDIENTES:

8 oz de azúcar

¼ taza de agua

2 pqts de queso crema de 8 oz

1 lata de leche condensada

5 huevos

1 lata de leche evaporada

½ taza de Leche UHT

½ cda de extracto de vainilla

½ cdita de ralladura de limón

PREPARACIÓN:

1. Calienta el horno a 350° y prepara un molde con agua.
2. En una taza resistente al microondas, mezcla el azúcar y el agua, y cocina a temperatura máxima por 5 a 7 minutos.
3. Echa el caramelo en un molde de 8". Deja aparte.
4. En el procesador de alimentos o licuadora eléctrica, mezcla el queso, leche condensada, y huevos, hasta que quede cremoso.
5. Añade la leche evaporada, vainilla, y ralladura de limón y mezcla
6. Echa la mezcla en el molde acaramelado.
7. Coloca el flan en el molde con agua (baño de María).
8. Hornea durante 1 hora.
9. Deja enfriar y coloca en el refrigerador hasta el momento de servir.

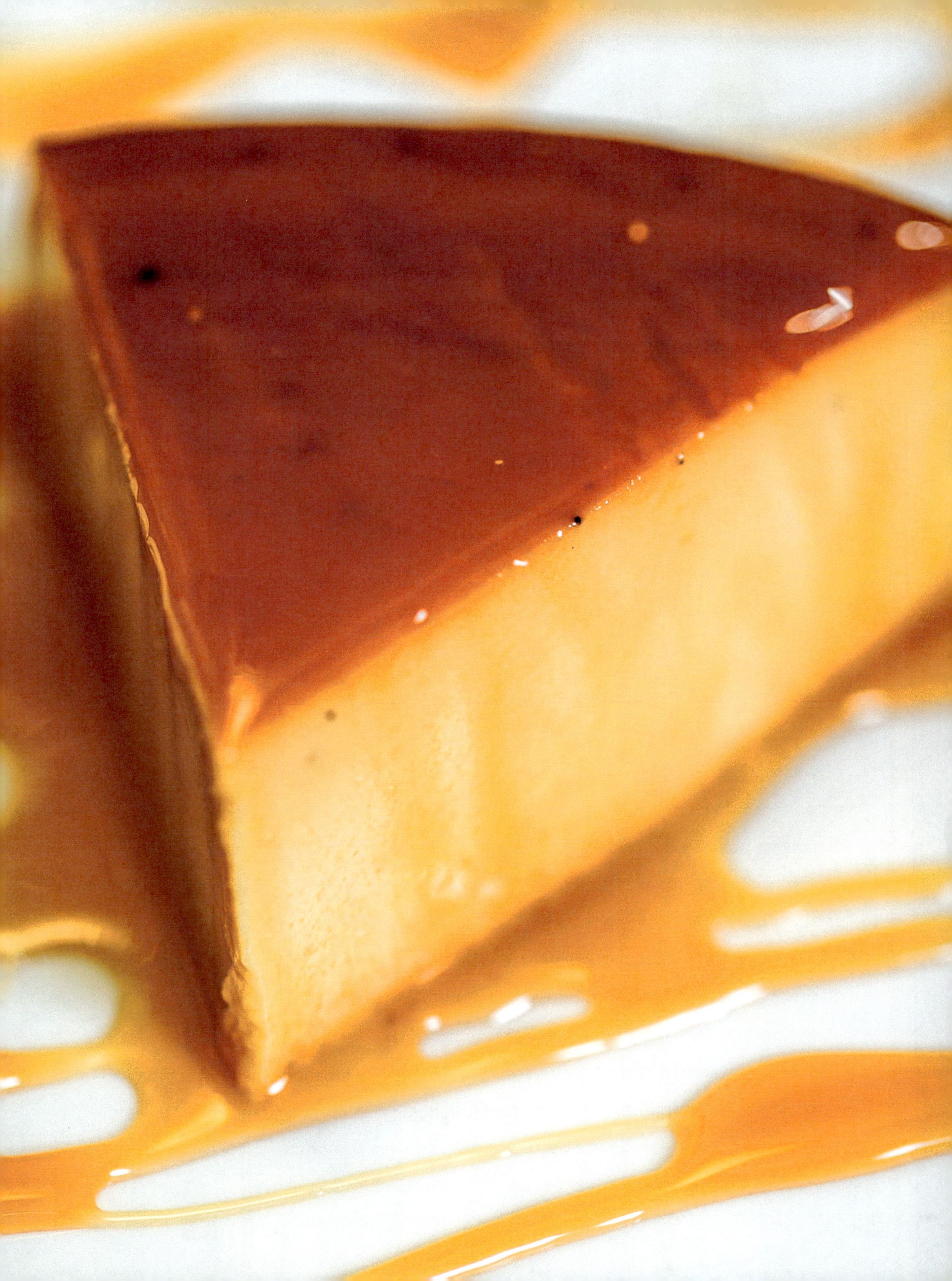

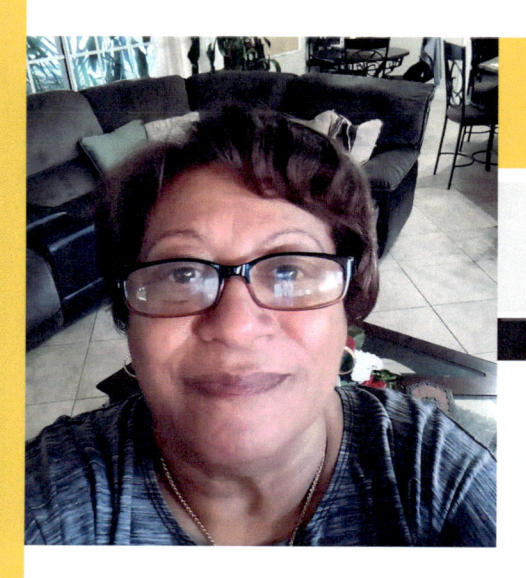

BIZCOCHO 3 LECHES

al estilo de Titi Elena

Elena Maisonet

¿Has tenido a alguien especial aún en la distancia?

Si tu respuesta es sí… pues te contaré la mía. Desde niño siempre me preguntaba cómo aprendes a amar o querer a alguien solo escuchando su voz o viéndola en videos o fotos, o cuando estaba de visita en la isla. Es mi tía por parte de padre, titi Elena, de quien con cariño te contaré…

Mi papá tuvo varias hermanas, todas muy especiales, pero titi Elena vivía lejos de la isla. Recuerdo que siempre era una emoción que mami nos dijera "Tu tía viene para la isla", porque automáticamente sabías que había fiesta y muchas salidas, y pedía rápido permiso hasta sin preguntarle a titi si podía llegar a donde ella estuviera, pues en casa no había carro y a veces soñábamos despiertos con salir y pasear, y eso era una parte de lo que era tenerla aquí, pues desde que la veías y escuchabas su peculiar voz, su amabilidad, y el olor rico que tiene la ropa cuando viene de Estados Unidos, que era especial, y esos días eran magníficos, a donde quiera que fuéramos con ella había emoción y fiestas, algo que disfrutaba.

Un día me entero de que titi trabajaba en una tienda de bizcochos y le gustaba la repostería, y rápidamente llamó mi atención, hasta que en una ocasión, después de muchos años, se me da la oportunidad de llegar a su hogar.

> Le pregunté: "Titi de tantos años cocinando,
> ¿Cuál es la receta que mejor te queda o que más te gusta hacer?"
> **y en ese momento me preparó el bizcocho tres leches
> más delicioso que he probado.**

Depende del país o lugar que seas, es la forma en la que se prepara. En Latinoamérica se hace con variaciones, pero el de mi titi viene con fusiones de Santo Domingo, creo que eso abre la opción de que sea el mejor que he probado, porque no solo es la mezcla de las leches, sino la elaboración del bizcocho. Debe tener esos espacios entre la mezcla que crezcan lo suficiente para que quede esponjado, para cuando vaya a caer la mezcla de leches, que sea lo más mojado y delicioso.

A pesar de los años, no pierde el toque ni la receta, y siempre que la visitas, cocina incansablemente para que todos tengan la mejor experiencia.

Su amabilidad marcó mi vida y disfruté ya no solo soñar con verla en la isla, sino cocinar juntos y compartir recetas. Hoy me place presentarles la receta del bizcocho de tres leches de titi Elena.

"En la distancia, nuestros corazones se abrazan con más fuerza, y el amor
se convierte en el lazo que nos une".
-*Gabriel García Márquez*

LA **RECETA** *de Titi Elena*

INGREDIENTES

4 huevos separados

1 barra de mantequilla

1 taza de azúcar

1 cditas de extracto de vainilla

1 taza de harina para bizcocho cernida

1 lt. 12 oz de leche evaporada

1 lt. 14 oz de leche condensada

1 taza de leche fresca

PREPARACIÓN:

1. Calienta el horno a 350° grados. Engrasa un molde de 10".
2. En la batidora eléctrica, mezcla la mantequilla con el azúcar y las yemas de huevo hasta que quede cremosa.
3. Luego añade la vainilla y la harina de bizcocho poco a poco y batiendo constantemente.
4. Bate las claras a punto de nieve y añade a la mezcla en forma envolvente.
5. Echa la mezcla en el molde y hornea por 20 a 25 minutos. Deja enfriar.
6. Mezcla las tres leches y echa sobre el bizcocho poco a poco hasta que absorba toda la mezcla de leche.
7. Deja refrescar y coloca en el refrigerador hasta el momento de servir.

GALLETAS DE MANTEQUILLA DE MANÍ

INGREDIENTES:

1 huevo

1 taza de mantequilla de maní cremosa

1 taza de azúcar

½ taza de cacahuates (maníes) para coctel (cocktail peanuts) picados

1 cucharadita de vainilla

PREPARACIÓN:

1. Precalienta el horno a 350°F. Bate en un tazón grande el huevo con una batidora eléctrica a velocidad media hasta que esté espumoso. Añade los ingredientes restantes; bátelos hasta mezclar bien.

2. Forma con esto bolitas de 1 pulgada. Colócalas a 2 pulgadas de distancia sobre bandejas para hornear sin engrasar. Aplasta cada bolita, haciendo un diseño entrecruzado con los dientes de un tenedor.

3. Hornea las galletas durante 10 minutos o hasta que estén ligeramente doradas.

4. Déjalas enfriar 1 minuto. Sácalas de las bandejas y ponlas sobre rejillas de metal; enfríalas completamente.

PUDIN DE PAN {TRADICIONAL}

INGREDIENTES:

2 lbs de pan de agua o pan criollo

2 tazas de azúcar negra o morena

1 cajita de pasas

1 pote de leche evaporada

3 huevos

1 pote de leche de coco

1 taza de leche regular o entera

½ cucharada de jengibre

1 barra de mantequilla

1 cucharada de vainilla

½ cucharada de sal

1 cucharada de canela en polvo

PREPARACIÓN:

1. Lo primero será mezclar las leches con el jengibre, la vainilla, la canela, la sal y el azúcar. Luego añadimos ½ taza de agua. Se debe batir muy bien para que todo se mezcle lo mejor posible.

2. Lo siguiente será picar el pan de agua o pan criollo en pequeños cuadritos y dejarlo mojando en la mezcla preparada anteriormente.

3. Se mezcla bien y se deja de 1 a 2 horas para que el pan absorba bien la leche, también se dejan las pasas reposando en agua.
4. Pasado el tiempo, se añade la mantequilla y los huevos, se debe batir muy bien con ayuda de una batidora para que quede una mezcla uniforme.
5. Se precalienta el horno a 350° C y se engrasa o enharina el molde donde irá el budín; se añade a la mezcla las pasas con el agua y se vuelve a mezclar por última vez; vierte la mezcla en el molde.
6. Calienta la mezcla de budín de pan con pasas en el horno durante aproximadamente 1 hora. Para saber si está listo introduce un palillo o cuchillo, y si este sale limpio o seco es porque ya está.
7. Luego de retirar del horno, deja enfriar a temperatura ambiente, guarda en la nevera por 1 a 2 horas antes de servir para que obtenga una buena consistencia.

NOTA:

Preparar este budín de pan es bastante sencillo, aunque puede ser un poco demorado, no obstante, **vale la pena la espera, es un postre muy delicioso.** Es recomendable comenzar esta receta desde temprano en la mañana, ya que el tiempo de preparación es bastante largo.

MAZAMORRA POSTRE DE MAÍZ

al estilo de Doña Nilda

¿Cómo defines tú a una persona especial?

Si ya sabes la respuesta, me gustaría contarte la mía. ¿Recuerdas a Bruno? Si todavía no has leído su historia, ve un momento y léela… así podrás entender de quién te hablaré.

Cuando llegué a la vida de mi amigo, Bruno, y él me llevó a su casa, encontré a muchas personas especiales allí, pero la mamá de su esposa Glory, doña Nilda, a quien llamo así por respeto, es una mujer de carácter fuerte, pero con un corazón enorme y con un legado especial de vida que me marcó.

Cuando llegué a su hogar fue como llegar y ya haber estado allí. Me abrieron las puertas de su hogar y de sus corazones como uno más de la familia. En su mesa nunca faltó un espacio para mí. Alguien con una mirada y una forma de ser tan única que hace sentir bien a las visitas. Y su esposo, waooo, si un día sientes que necesitas abrazar a alguien y sentir amor de sólo abrazarlo, él es esa persona… Definitivamente, en estos tiempos debemos practicar más la cordialidad y rescatar los valores humanos… pero ahora voy a hablarles sobre doña Nilda.

Lo que me marcó, y que hasta el sol de hoy jamás he probado uno igual, era el postre que hacía llamado mazamorra.

Este postre es un misterio para muchos, pero es un postre a base de maíz con una textura suave y cremosa que no necesita espesantes para alcanzar su sabor, y la historia dice que esta receta puede haber viajado desde Cristóbal Colón, por toda Hispanoamérica, y cada país tiene su versión.

Su color es hermoso y su olor es maravilloso

y puedes comerlo caliente o frío. Marcará tu vida como sea, y ver a doña Nilda preparándolo me daba mucho gusto, pues ella hacía una bolsita con varios vasitos y te los daba como un detalle.

Recuerdo llegar feliz y compartir con mami su deliciosa receta. Qué tiempos tan especiales cuando nos acordamos del prójimo y endulzamos sus días… por eso y muchas cosas más agradezco tanto a doña Nilda y a su familia, por cada reunión, por cada detalle de amistad y vida, y con mucho amor les comparto esta hermosa receta que sus paladares disfrutarán…

"El que es generoso, prospera. El que te da también recibe".
Proverbios 11:25

LA RECETA *de Nilda*

INGREDIENTES

2 ½ tazas de maíz tierno

½ galón de leche entera

3 tazas de azúcar

½ ramita de canela

- vainilla o ralladura de limón a gusto

PREPARACIÓN:

1. Comenzamos poniendo los granos de maíz en una licuadora junto a la leche. Luego batimos a velocidad máxima hasta que se desbaraten bastante los granos.
2. Ponemos un colador grande en la olla donde la vamos a cocinar y encima un pedazo de tela trasparente para colar la mezcla y extraer todo el bagazo del maíz.
3. Exprimimos bien para obtener la mayor cantidad de mezcla fina posible y llevamos la olla a fuego medio alto.
4. Agregamos el azúcar, la sal y la canela.
5. Cocinamos durante 8 a 10 minutos hasta que espese removiendo constantemente para evitar que se pegue, se hagan grumos, o se corte la mazamorra.
6. Cuando espese y ya no queden grumos, dejamos hervir durante 1 o 2 minutos y retiramos del fuego.
7. Vertemos en recipientes pequeños varias porciones y la llevamos al refrigerador para consumirla fría.

BIZCOCHO AL REVÉS

INGREDIENTES:

- **3** tazas de harina todo uso (all purpose)
- **½** taza de mantequilla (1 barra)
- **1** taza de azúcar morena
- **3** huevos
- **-** aceite
- **1** lata (20 oz) de piña en rodajas (escurre el jugo y reserva)
- **1** frasco de cerezas, escurridas (maraschino cherries)

PREPARACIÓN:

1. Precalienta el horno a 350° (325°F molde oscuro o cristal).
2. Bate la mezcla del bizcocho según las instrucciones de la caja, sustituyendo el agua por el jugo de piña, solo añade agua (o si tienes jugo de piña) para completar la cantidad que dice la caja.
3. Acomoda una cereza dentro de cada rueda de piña y alrededor de la piña si deseas. Luego vierte la mezcla en el molde, distribuyendo bien para que cubra la piña y las cerezas.
4. Hornea según las instrucciones de la caja, usualmente de 40 a 45 minutos o hasta que insertes un palillo en el centro del bizcocho y salga limpio.

SANGRÍAS
del Chef Edwin

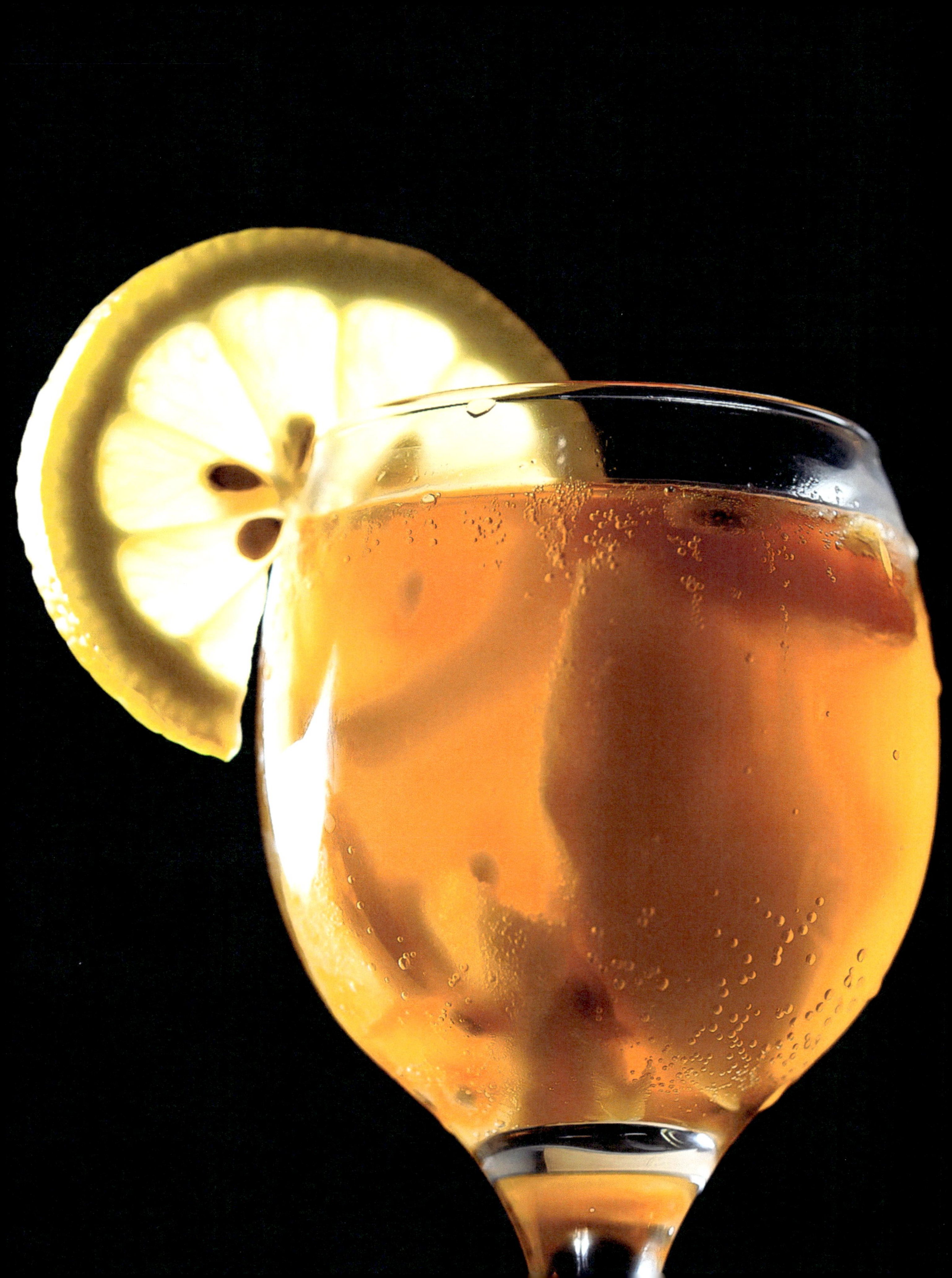

SANGRÍA DE **PARCHA**

INGREDIENTES:

16 onzas de concentrado de parcha

1 botella de vino blanco

2 limones

16 onzas de refresco (puedes usar Sprite, 7Up o Ginger ale)

1 manzana verde picada

- hojas de menta fresca (opcional)

PREPARACIÓN:

1. Primero preparamos lo ingredientes para tenerlos todos a la mano.
2. Lavamos y picamos la manzana y nos aseguramos de que las hojas de menta también estén limpias.
3. A continuación, en una jarra grande, ponemos el concentrado de parcha, el refresco, el vino y el jugo de limón.
4. Añadimos la manzana verde y la menta fresca.

SANGRÍA **TINTA**

INGREDIENTES:

1 botella de vino tinto (recomiendo merlot o malbec)

1 lata de 7 onzas de jugo de piña

1 ¼ tazas de jugo de china

1 taza de refresco soda estilo "Sprite" de lima limón

¼ - ½ taza de licor Grand Marnier

- frutas

PREPARACIÓN:

1. En una jarra grande coloca las frutas troceadas en el fondo.
2. Añade el resto de los ingredientes. Sirve con mucho hielo.

SANGRÍA **BLANCA**

INGREDIENTES:

¼ taza de arándanos

¼ taza de fresas picadas

¼ taza de manzanas picadas

- azúcar o endulzante a gusto

1 botella de vino blanco

- media botella de soda o agua mineral con gas
- rodajas de naranja

PREPARACIÓN:

1. Mezcla todos los ingredientes y añade hielo.

En ese momento despertó mi deseo de **APRENDER** a cocinar

NUNCA había visto tan de cerca una bandeja de arroz decorada con tantos **COLORES Y SABORES**

hay algo que es sagrado y es un buen día de **BBQ**

Su **color** es hermoso y su **OLOR** es MARAVILLOSO

...el olor a carbón y a especies,
sal, pimienta y ajo,
y el olor
del FOGÓN
llegaba a mi casa

Lo que me marcó, y que hasta el sol de hoy
JAMÁS HE PROBADO
UNO IGUAL...

y como dice el refrán...
"El AMOR entra
por la COCINA"

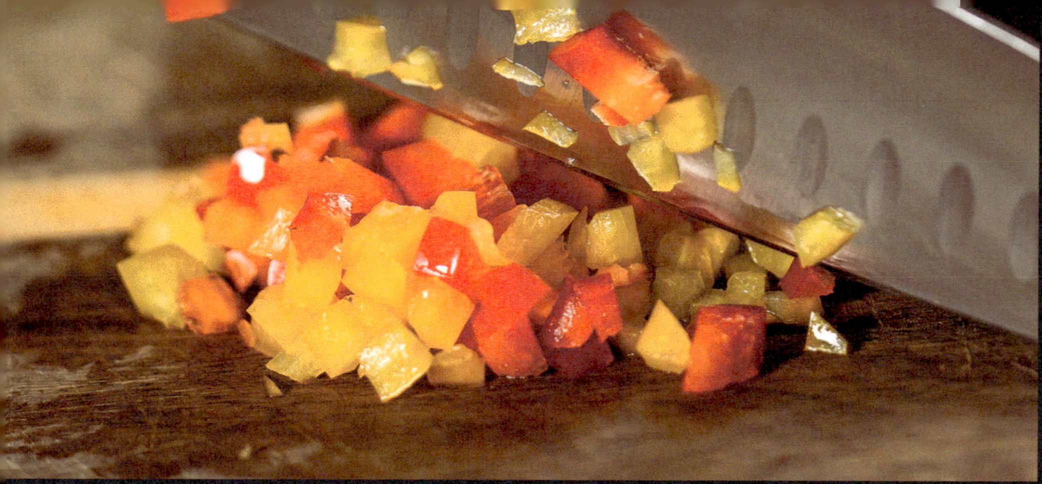
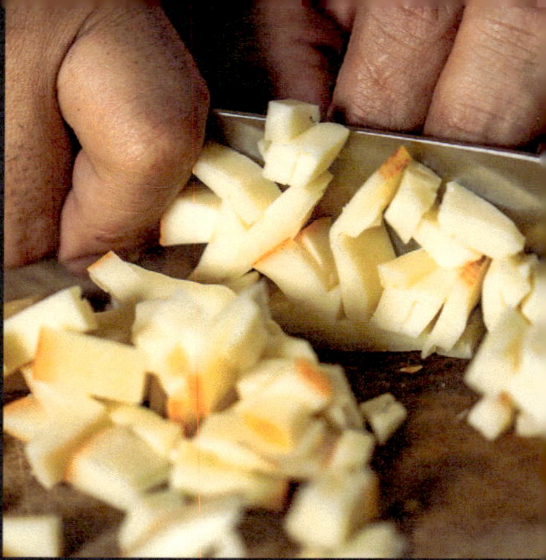
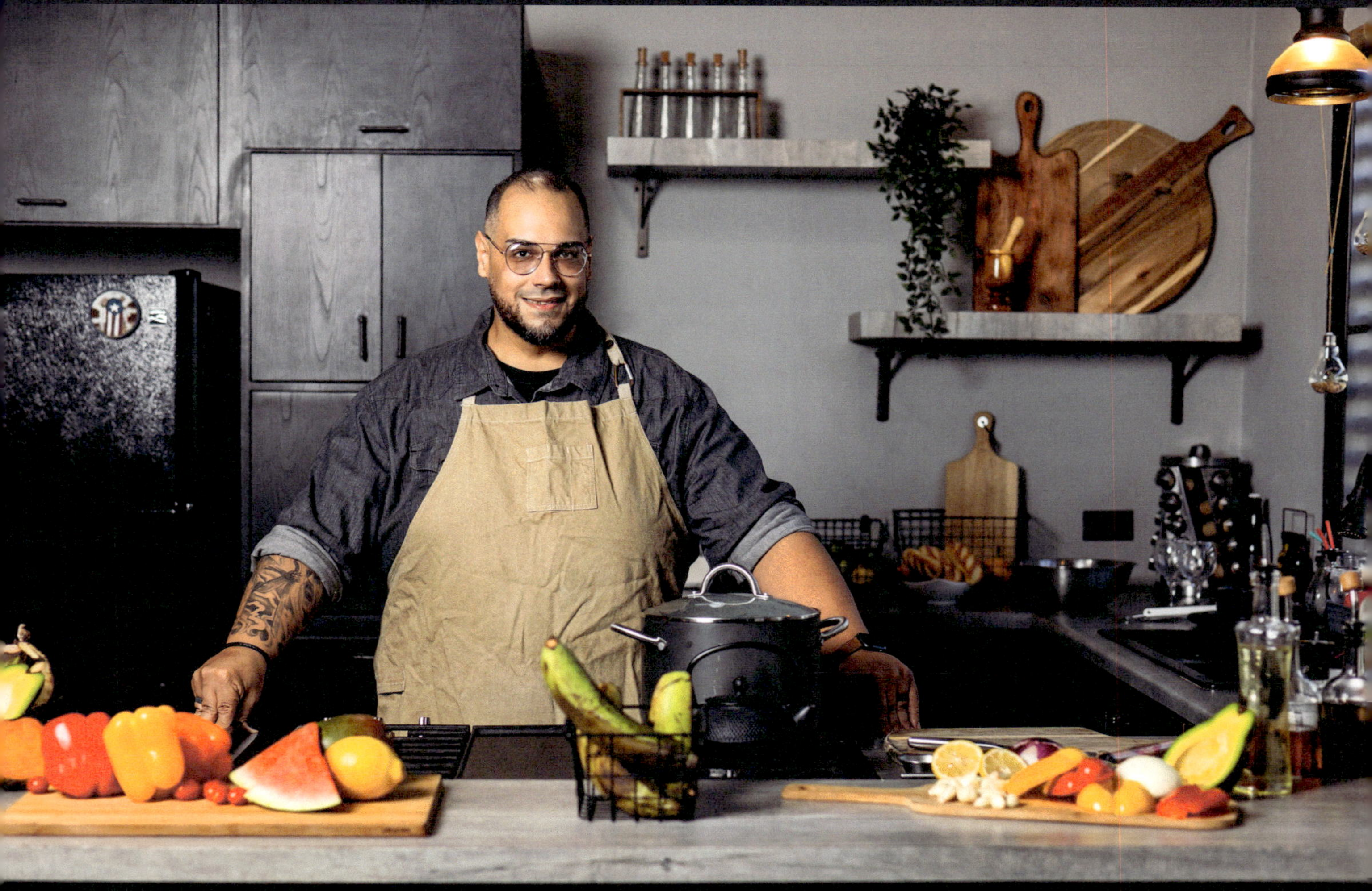
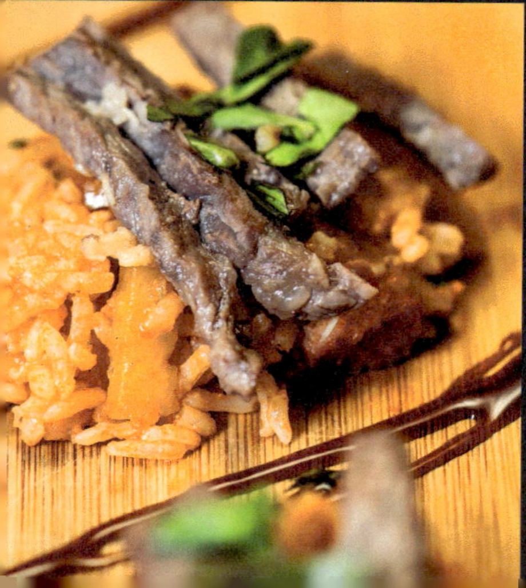
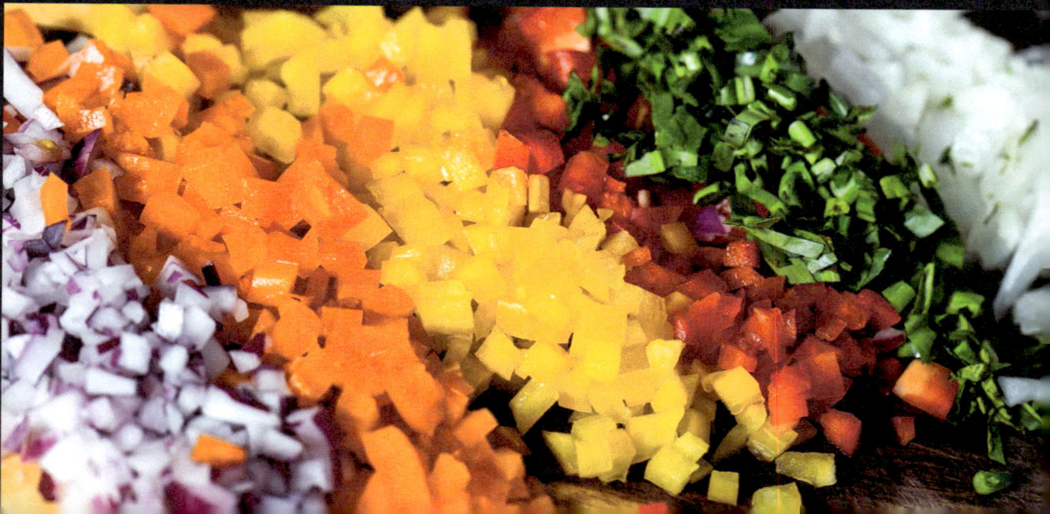

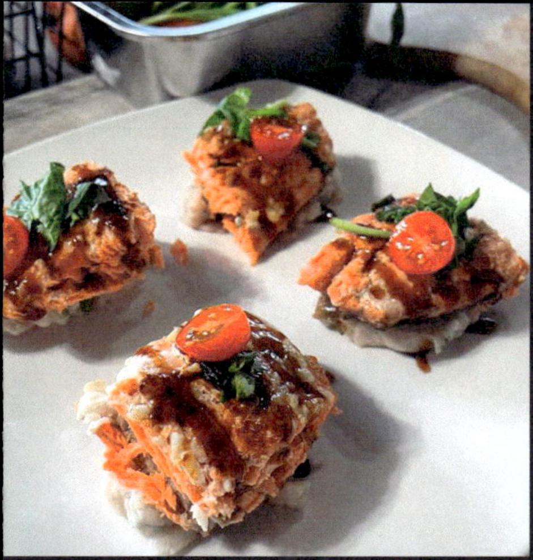
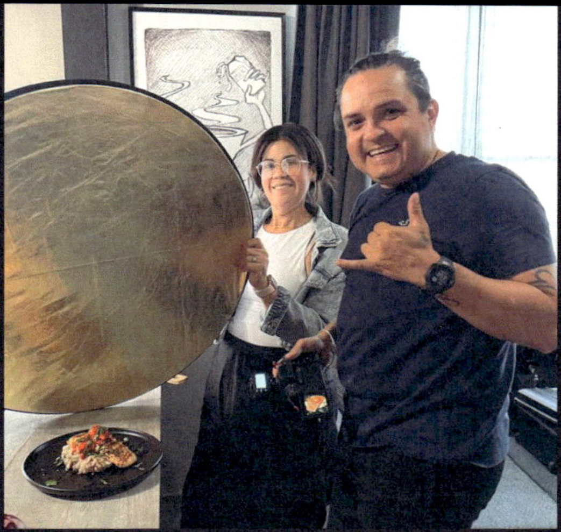
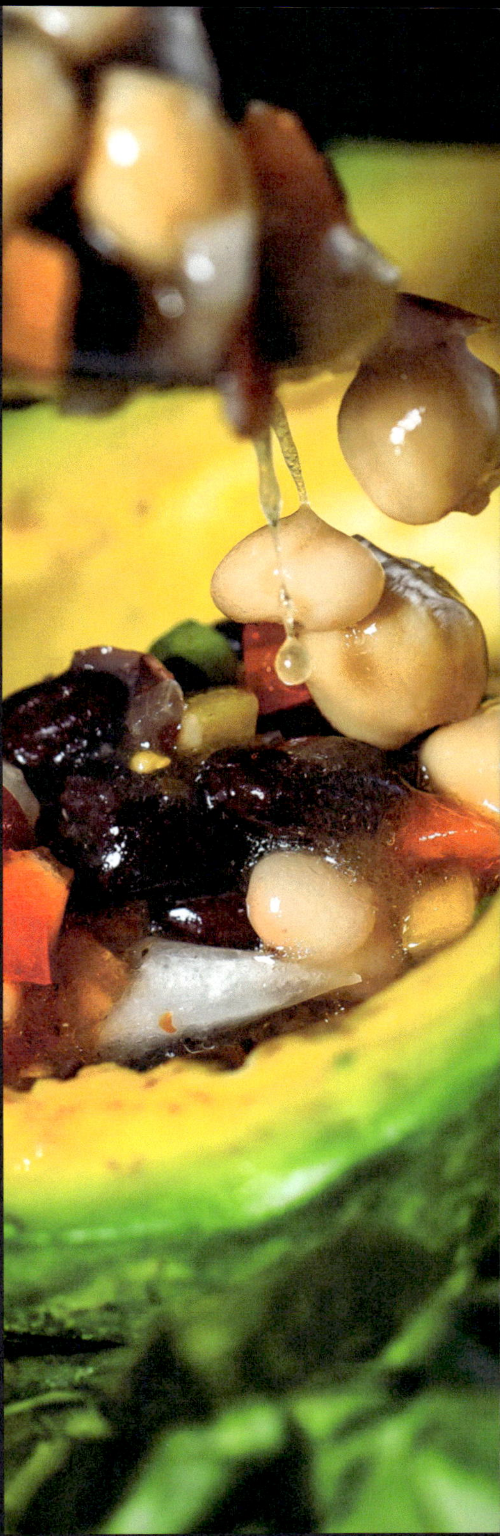
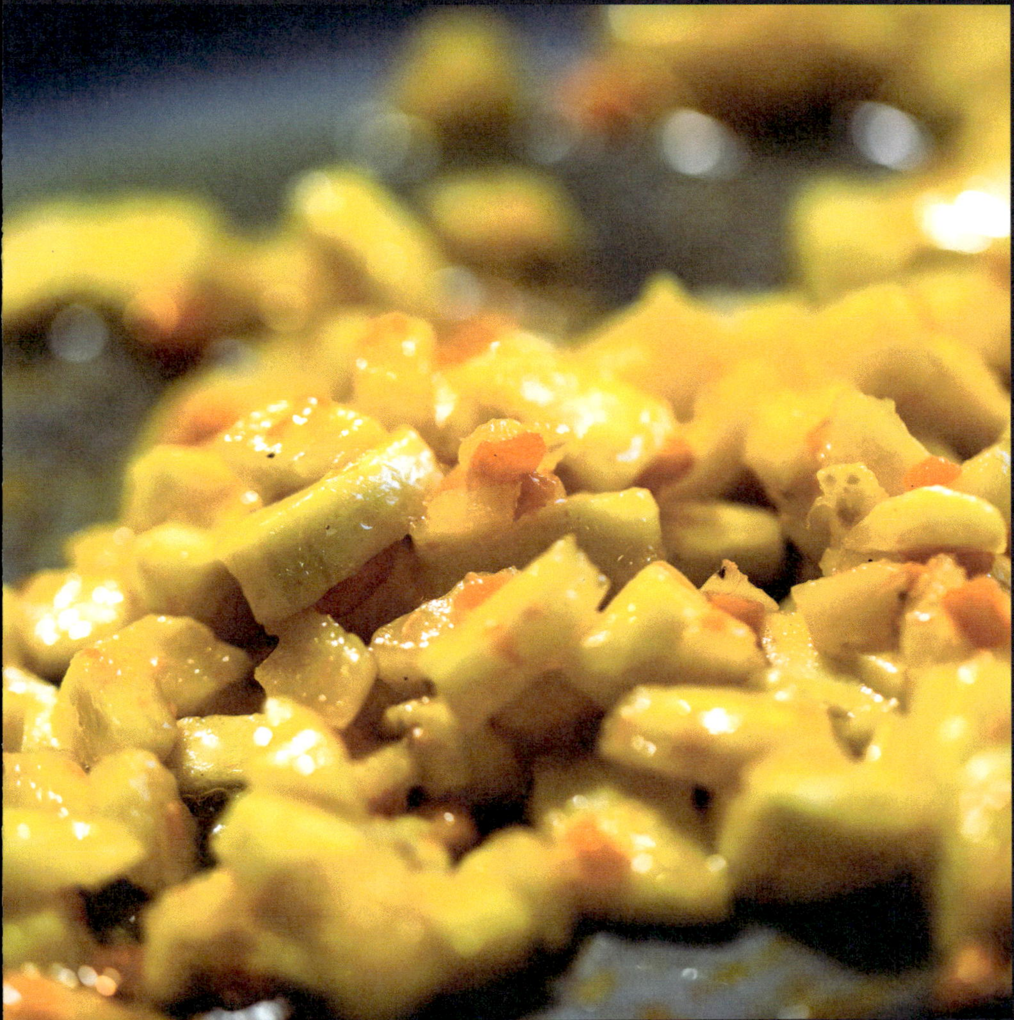
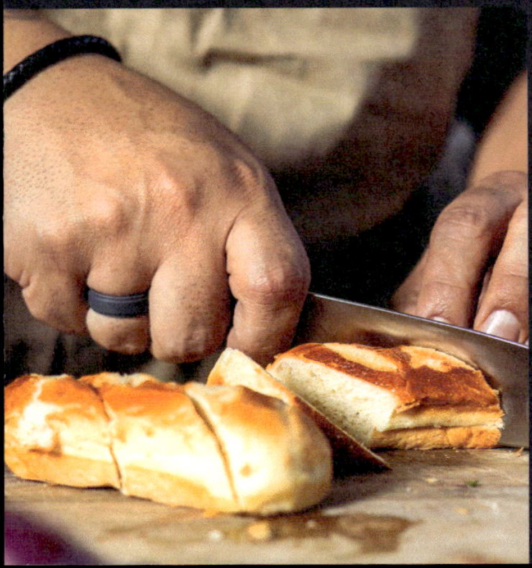
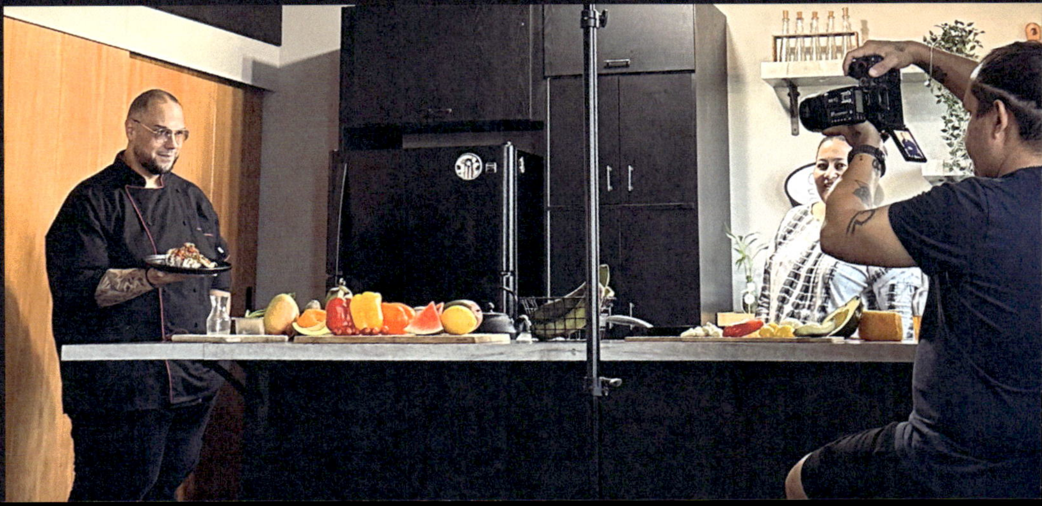

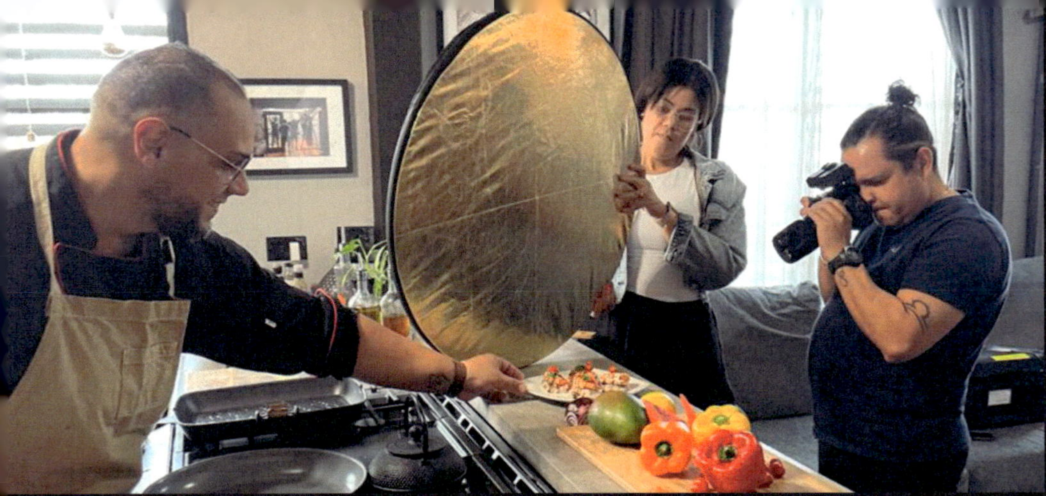

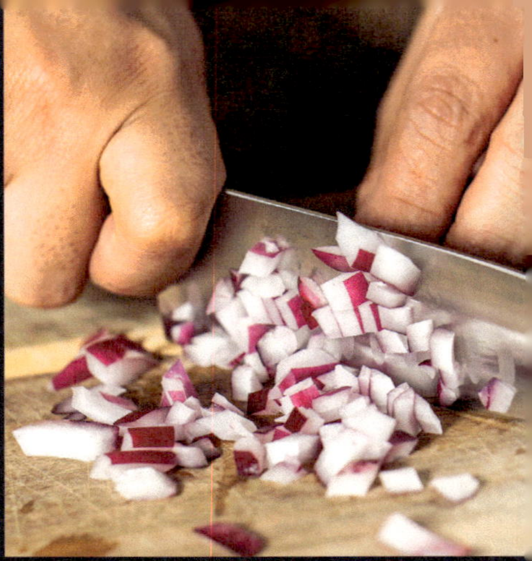

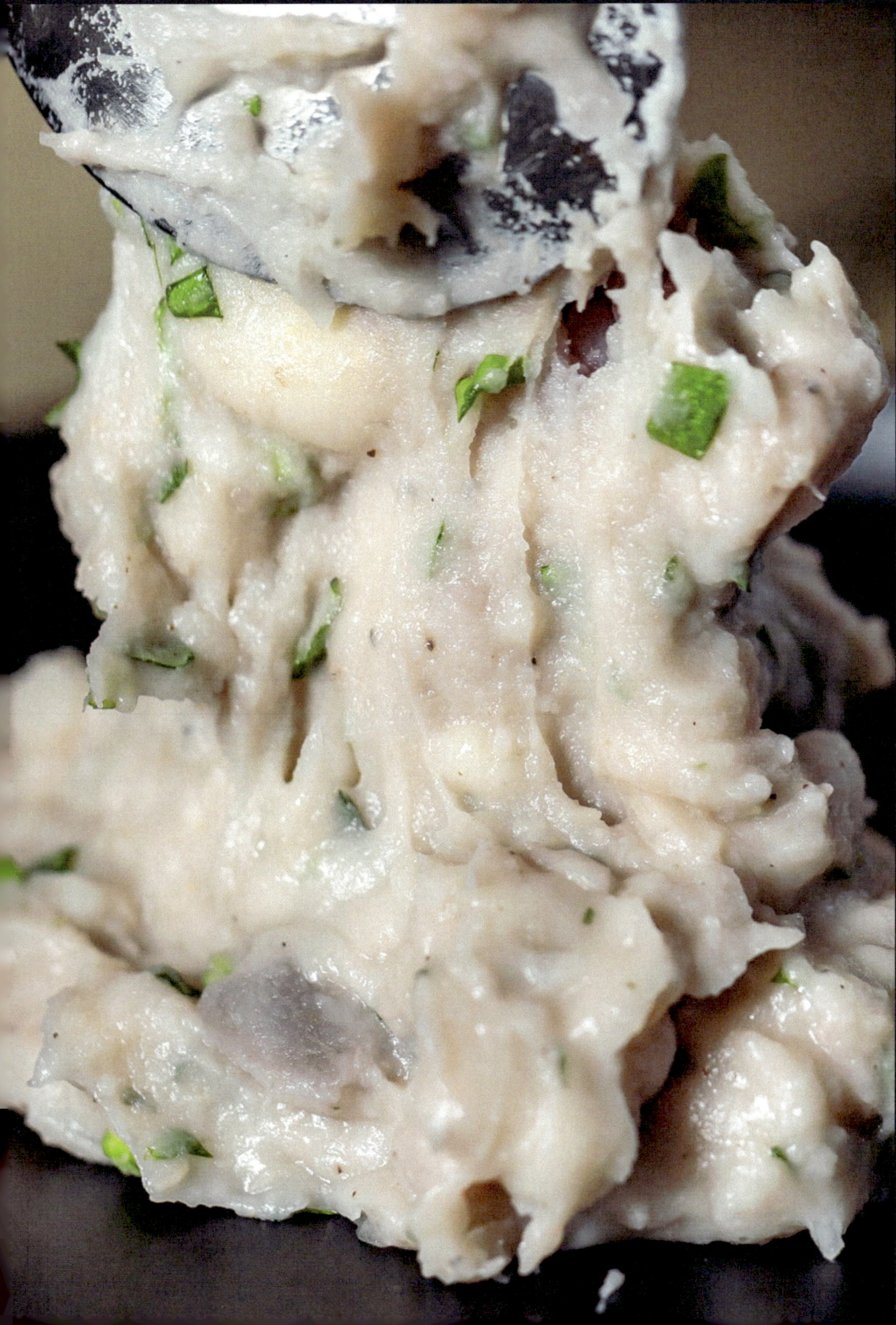

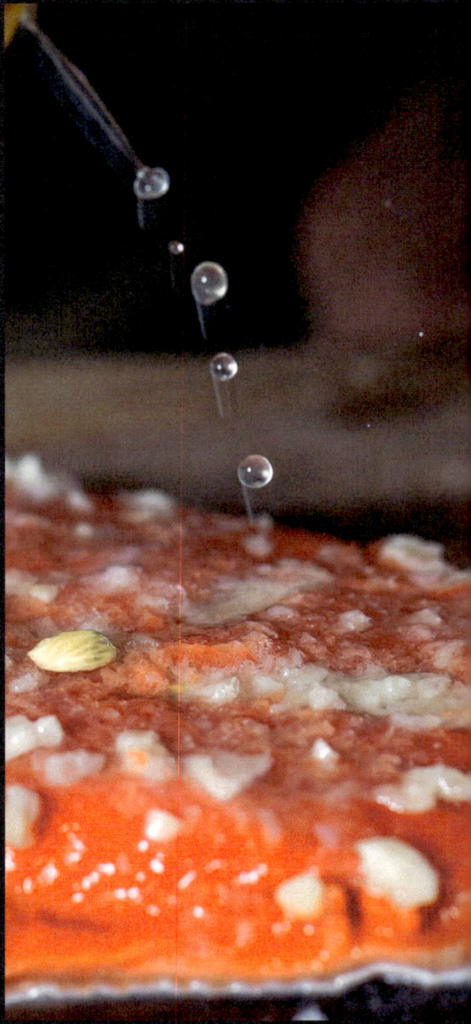

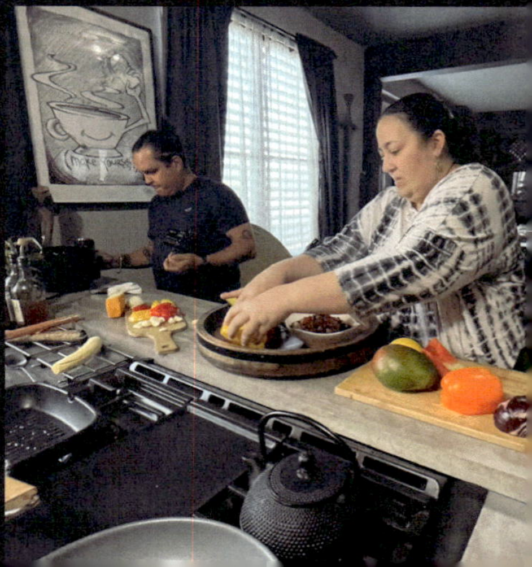

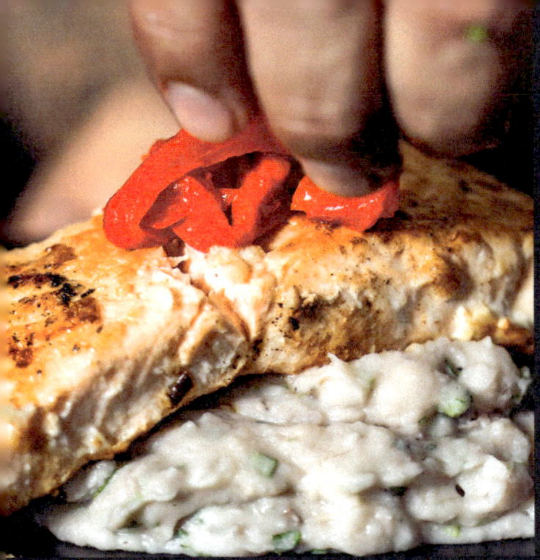

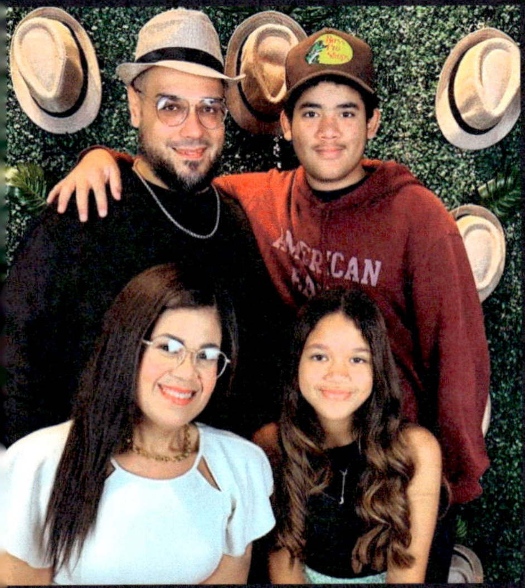

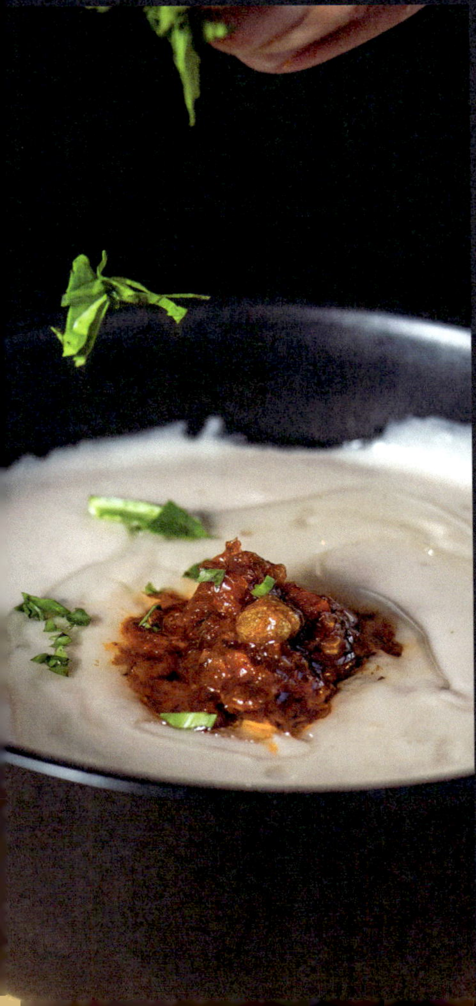

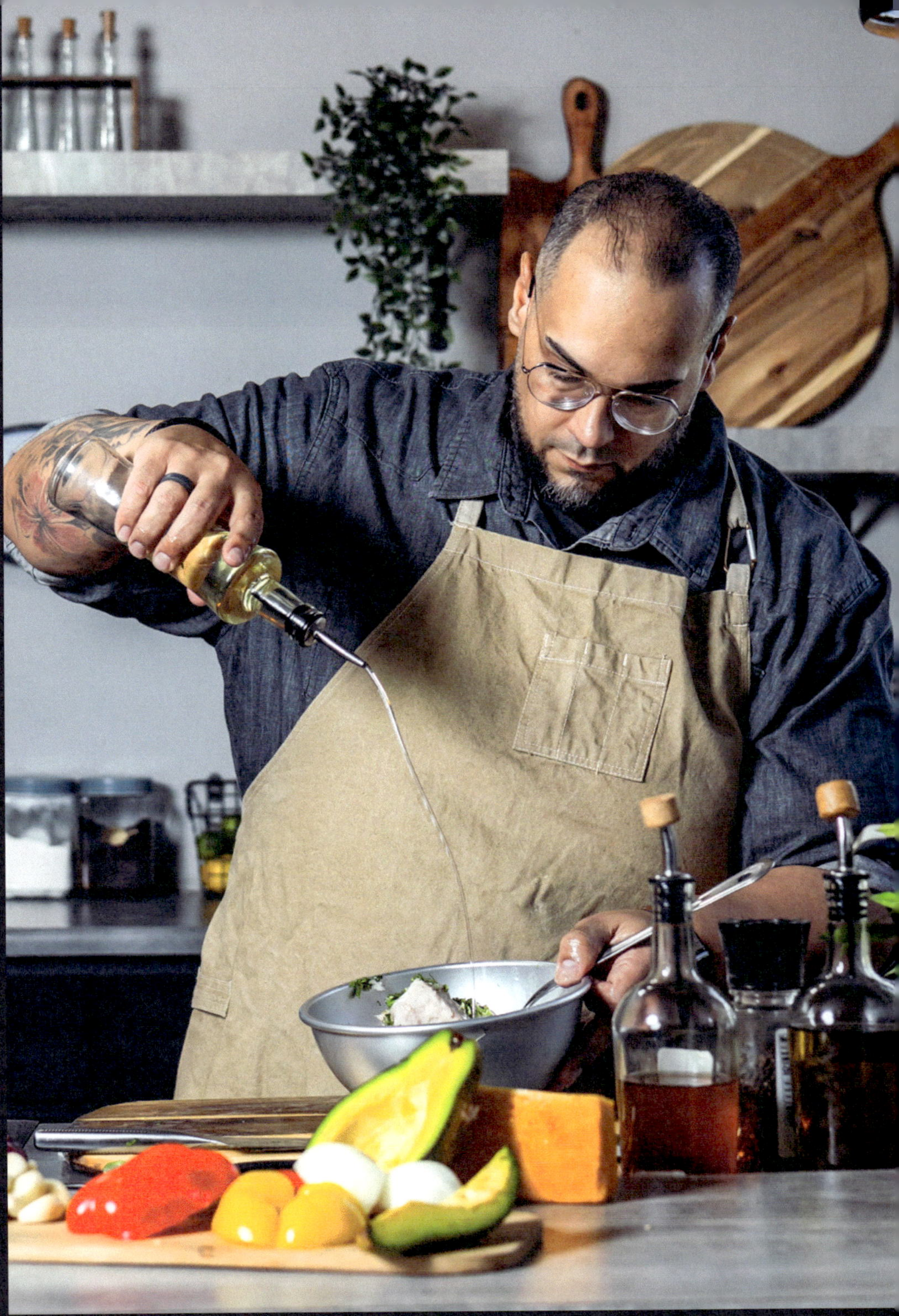

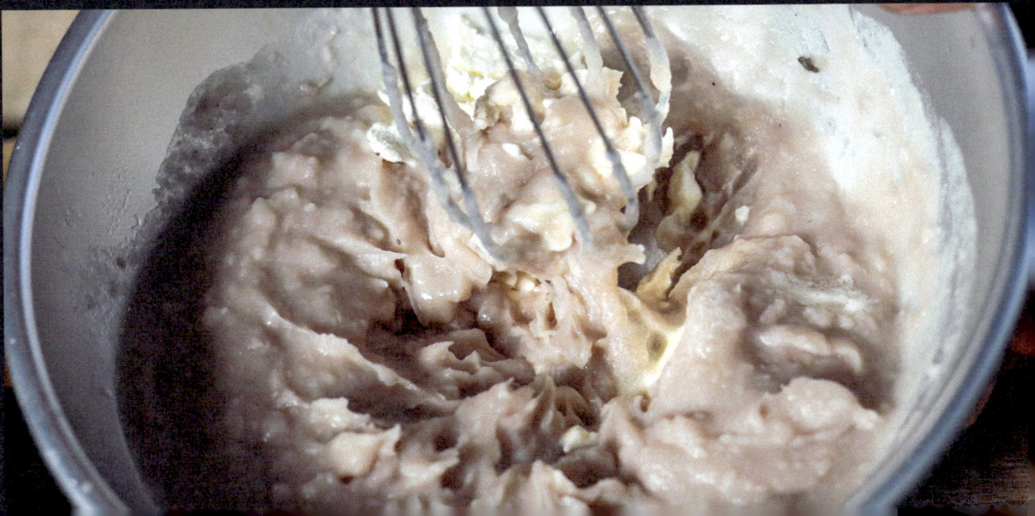

PIMIENTITOS
de Ángeles

Cocinar juntos, compartir una comida y sentarse a la mesa, parecen ser momentos pasajeros. Pero de forma fascinante algunos de esos momentos toman vida y se transforman en mucho más.

Celebramos, reímos, hacemos amigos, damos y recibimos consejo. También lloramos y compartimos emociones, que a veces olvidamos con el tiempo y otras se quedan en nuestros recuerdos para siempre, y permanece lo que escuchamos, cómo nos sentimos y las personas con las que compartimos.

Entre esos gratos recuerdos se encuentra Raíces de Mi Cocina y el momento cuando Chef Edwin, Xavier y yo, unidos por nuestra búsqueda y amor por Jesús, conectamos para iniciar lo que se convirtió en una aventura con quienes ahora llamo mis amigos.

El Chef cocinando, Xavi con su lente y yo creando páginas inspiradas en estas historias que me hicieron recordar lo bendecidos que somos de tener estos momentos.

Estas oportunidades especiales son regalos que se convierten en aprendizaje, crecimiento, amor, superación y florecimiento, pero más que todo: son el hermoso recordatorio de la gracia y misericordia de Jesús en nuestras vidas.

Ángeles Margarita Marrero Díaz

PIMIENTITOS
de Xavi

Hay un famoso refrán que dice: el amor entra por la cocina… Pero entra mucho más… un café que te despierta, un desayuno que te llena de fuerzas para comenzar el día, un almuerzo entre buenos amigos y luego de un largo día, una cena en familia.

La cocina es la excusa perfecta para reunirse entre amigos y familia, compartir risas y palabras de aliento y llenar de color la vida a través de la creatividad y sabores del buen comer.

Chef Edwin es un maestro detrás del sartén, donde tiene la habilidad de combinar el fruto de la tierra con especias y amor para llevarte a la mesa algo mas allá que un plato de comida, te ofrece una experiencia que alimenta el cuerpo y el alma. Jesús fue un vivo ejemplo de como se sentaba a la mesa con sus discípulos a partir el pan y comer en familia, que bello ejemplo para mantener y replicar siempre.

Fue un honor poder ser parte de este proyecto, tener la bendición de compartir mi talento en la fotografía para documentar el nacimiento de Raíces de mi Cocina de la mano de Chef Edwin y admirar la creación a través del talento de Ángeles, que le ha dado vida y dirección a tan hermoso proyecto, que tiene la intención de a través de la cocina llegar a tu corazón.

Gracias Dios por la bendición de compartir mi vida junto a seres talentosos como Chef Edwin y Ángeles, amigos llenos del amor de Dios, y por tener el honor de unir nuestros talentos para crear y llevar un mensaje de unión, amor y esperanza a través de Raíces de mi Cocina. Gracias por la oportunidad, por creer y confiar en mi, los amo.

Espero que disfruten este hermoso proyecto, y que las recetas de Raíces de mi Cocina lleguen a tu sartén, pero sobre todo que las historias lleguen y toquen tu corazón.

Xavier García Rodríguez

Raices de mi Cocina

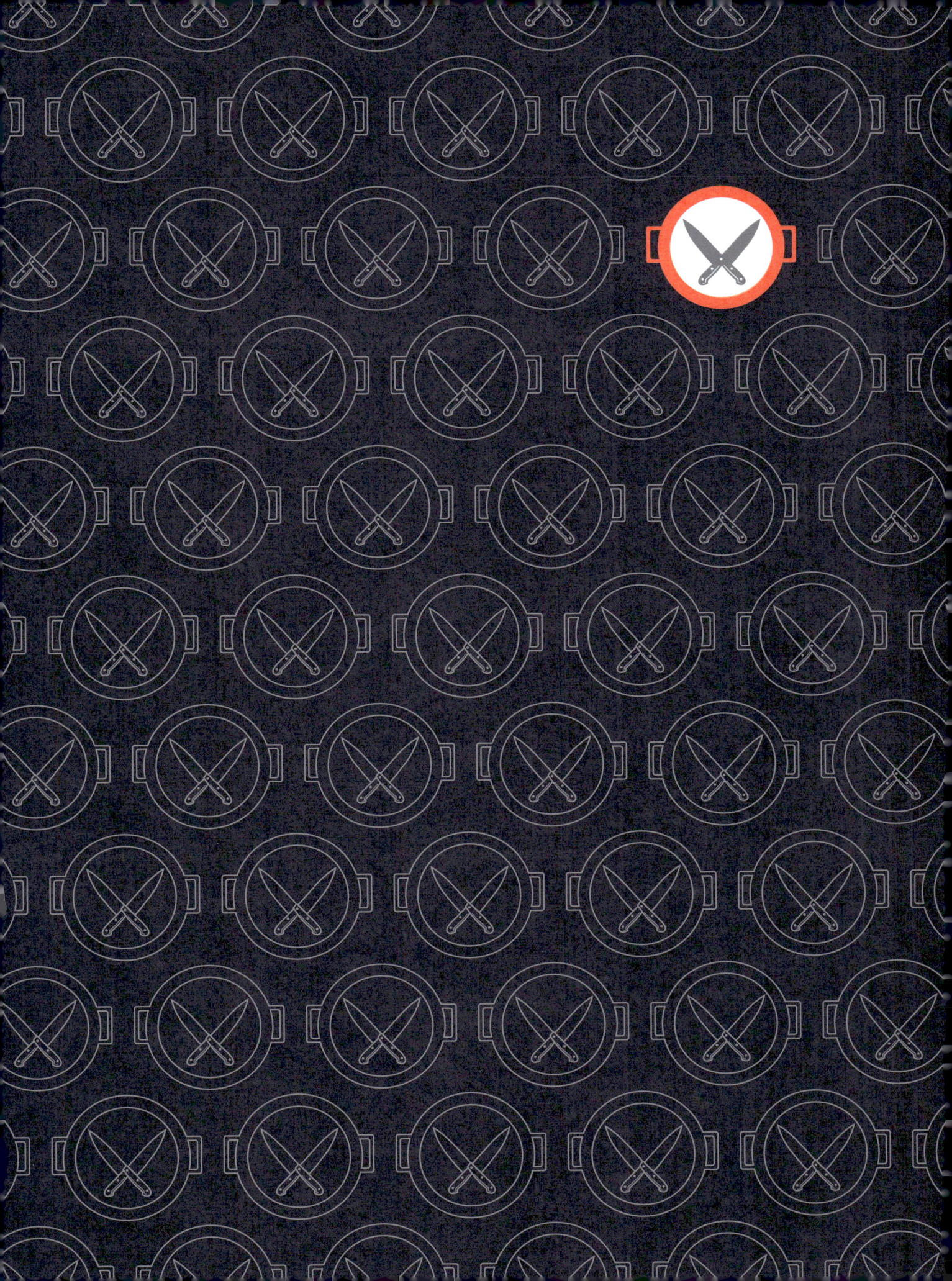

Made in the USA
Columbia, SC
25 April 2025